W0411865

Pfiffige Ideen
für Ungeübte und
Basteltalente

Disneys

# Art Attack

# Feste feiern

Bassermann

# INHALT

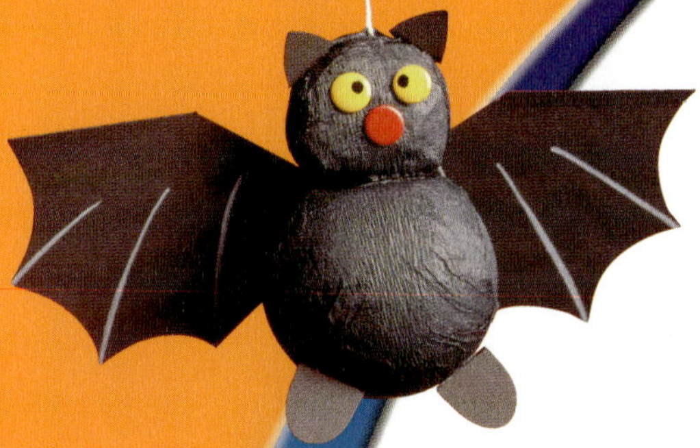

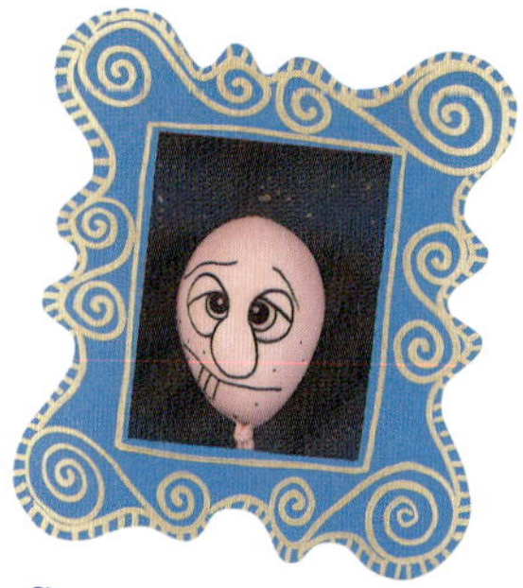



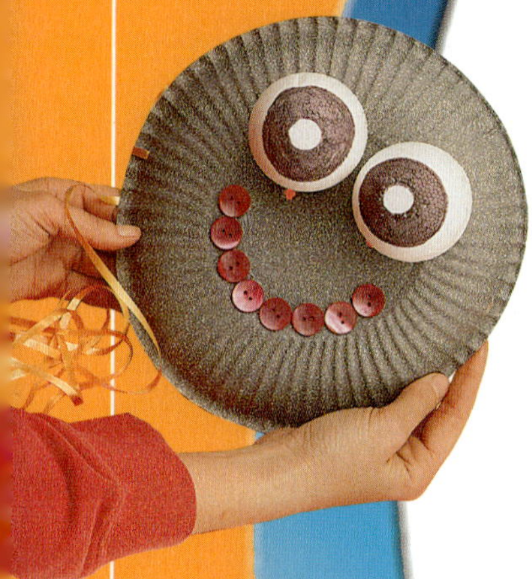

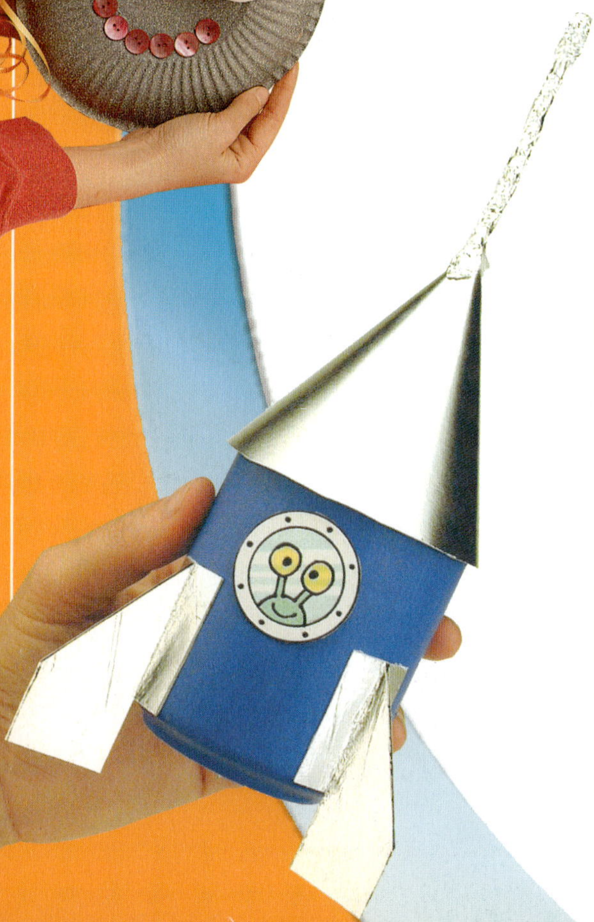

## LEGENDE

| SCHWIERIGKEITSGRAD | BASTELZEIT | SUPERIDEE | ACHTUNG! | SPIEL + |
|---|---|---|---|---|
| Einfach | ca. 1 Stunde | Das macht besonders Spaß! | Tipps und Ratschläge zur Vorbereitung | So lässt sich die Idee abwandeln |
| Etwas schwieriger | ca. 2 Stunden | | | |

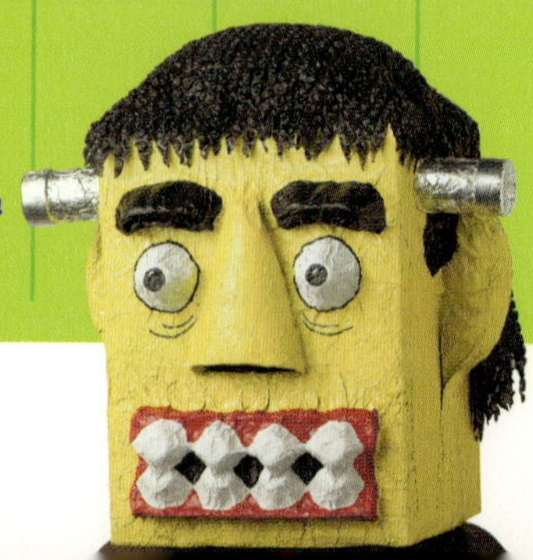

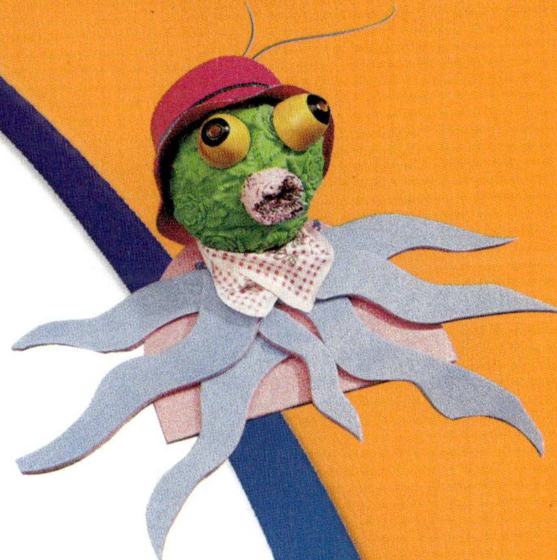

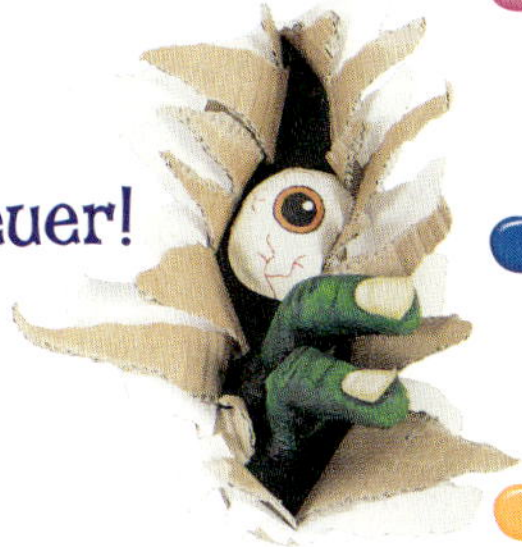

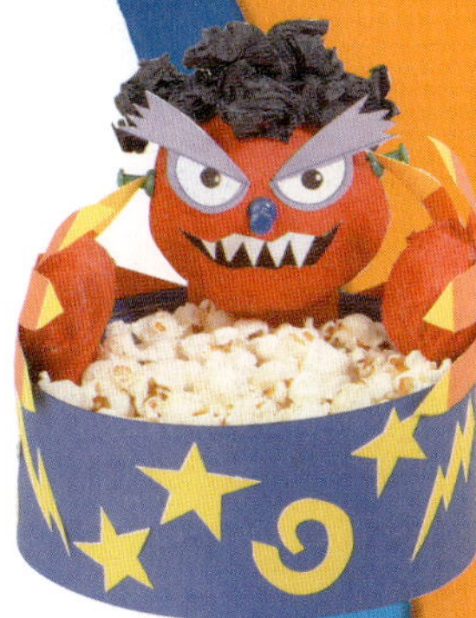

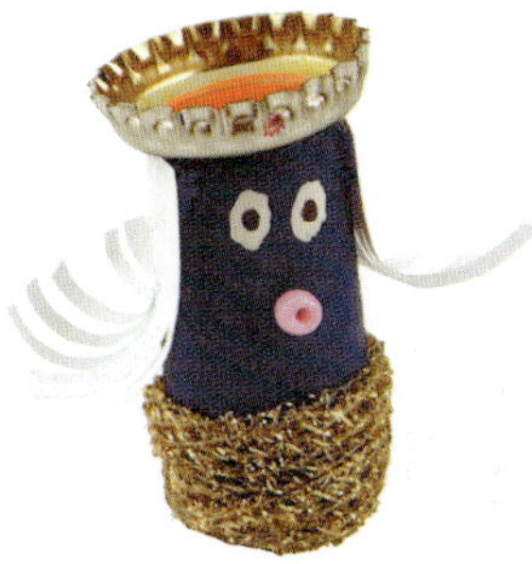

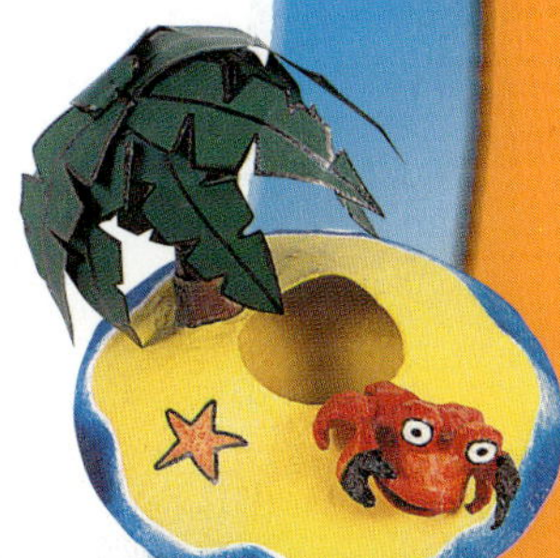

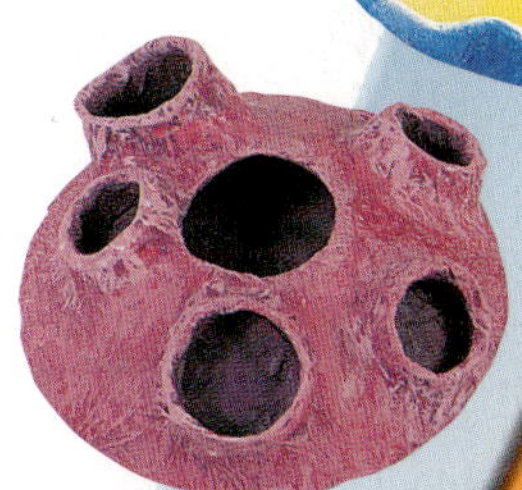

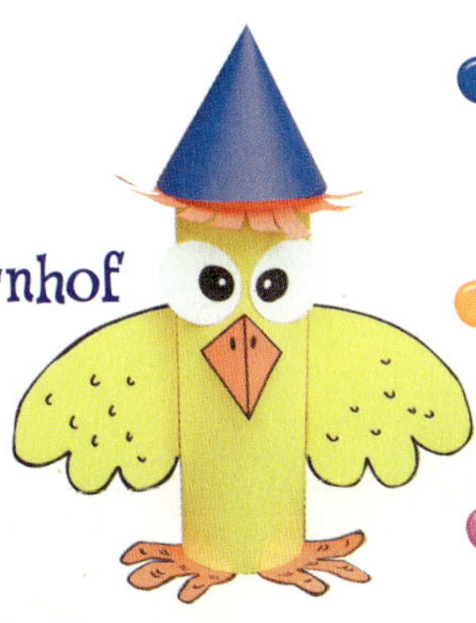

# Franken
# MONS

**Gruselspiel mit Freunden**
Lege weiche, feuchte Gegenstände (Schwämme, Gummireste, Bananenschalen usw.) in einen Behälter, und decke ihn zu. Das „Opfer" muss dann blind hineinfassen und die Gegenstände erraten – ohne ein einziges Mal „Igitt!" zu sagen!

## WAS DU BRAUCHST

- EINEN PAPPKARTON
- EINEN EIERKARTON
- 3 KARTONRÖHREN – EINE LANGE UND ZWEI KURZE
- EINEN SCHWAMM
- ALUFOLIE
- LUFTPOLSTERFOLIE
- ZEITUNGSPAPIER
- PLASTIKFARBEN
- KREPPBAND
- SCHERE UND KLEBSTOFF

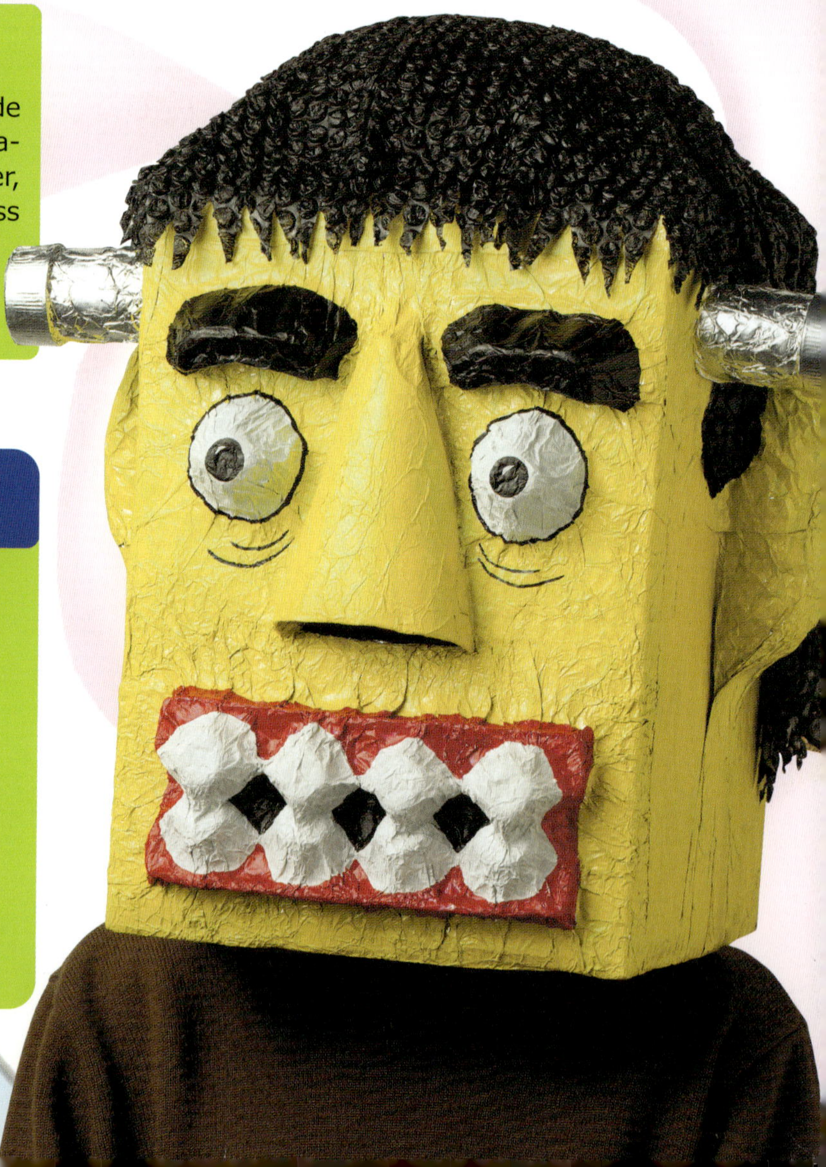

# steins
# TER

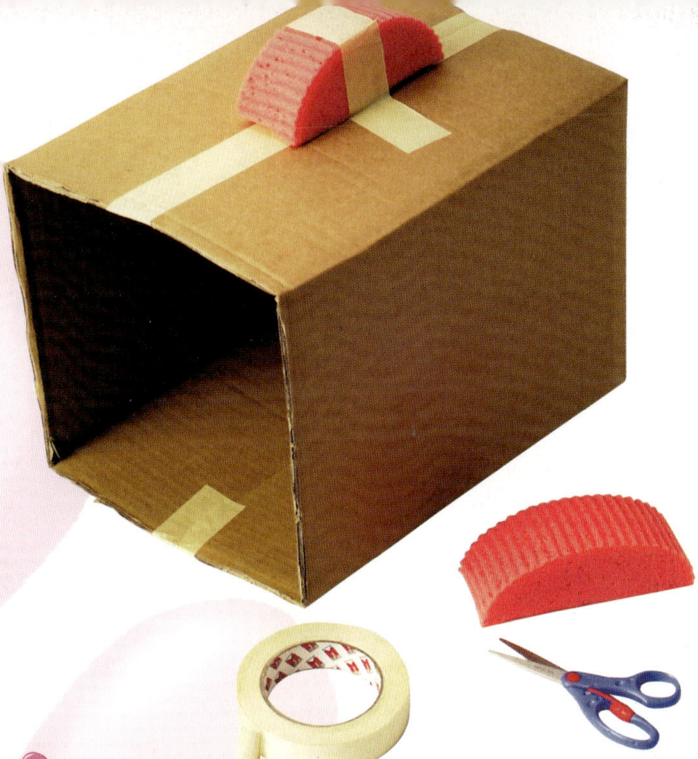

Achtung, die Monster kommen – witzige Verkleidungsideen für eine gruselige Gespenster-Party!

1 Schneide von dem Karton die Deckellaschen ab, und klebe die anderen Seiten mit Kreppband zu. Teile den Schwamm in der Mitte, und befestige die Hälften rechts und links am Karton.

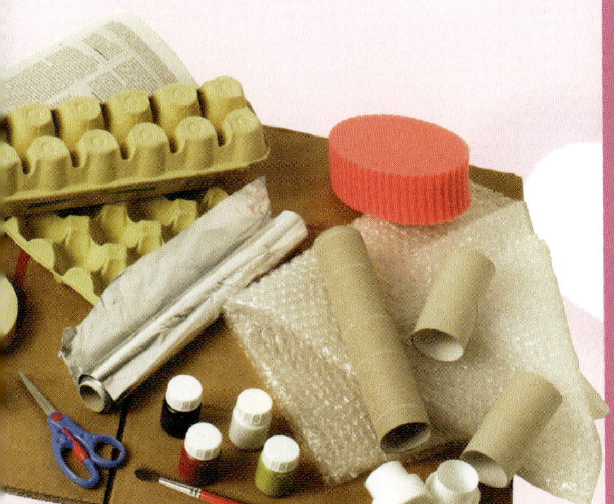

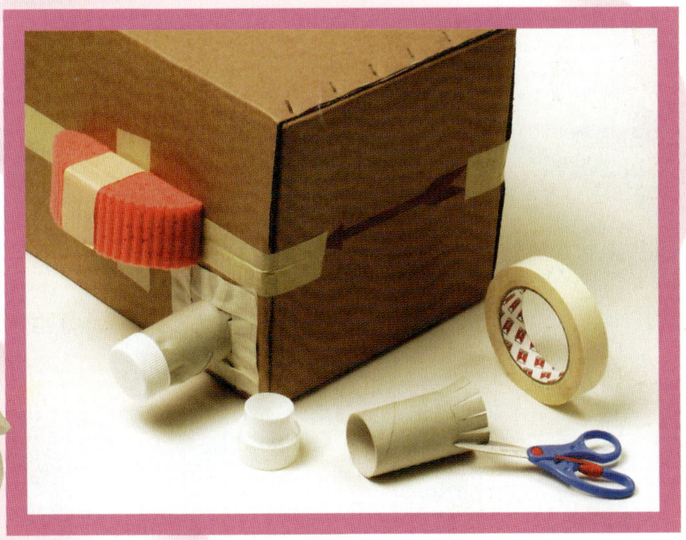

2 Nimm die beiden kurzen Röhren, und schneide Fransen in je ein Ende. Biege die Fransen nach außen, und klebe die Röhren damit neben den Schwammhälften auf dem Karton fest.

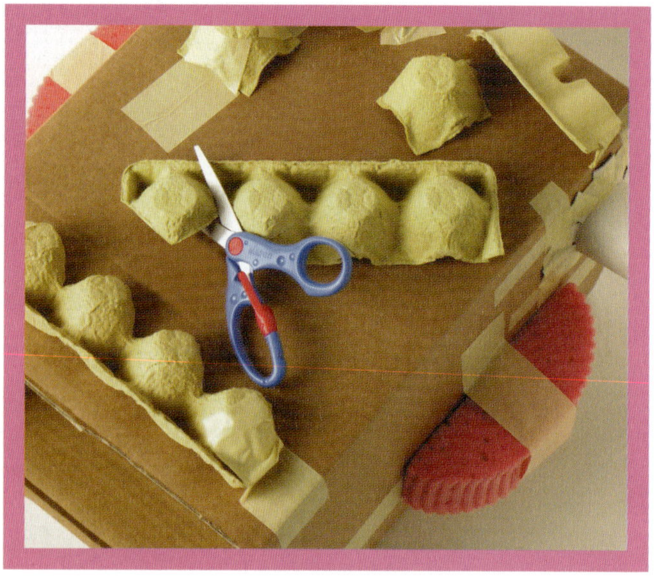

3 Augen, Augenbrauen und Lippen schneidest du in den entsprechenden Formen aus dem Eierkarton heraus und befestigst sie wie hier zu sehen mit Klebstoff und Klebeband.

4 Die Nase bastelst du aus der langen Röhre: Schneide sie der Länge nach ein, und biege sie auseinander, bis sie unten weiter ist als oben. Anschließend festkleben.

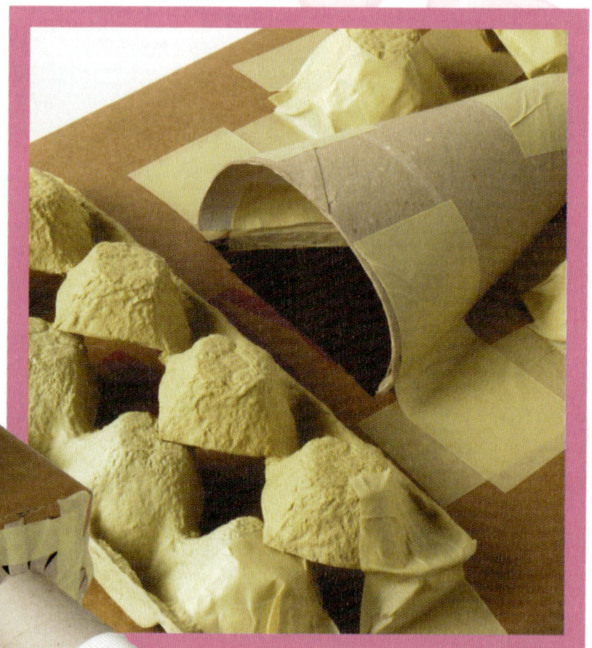

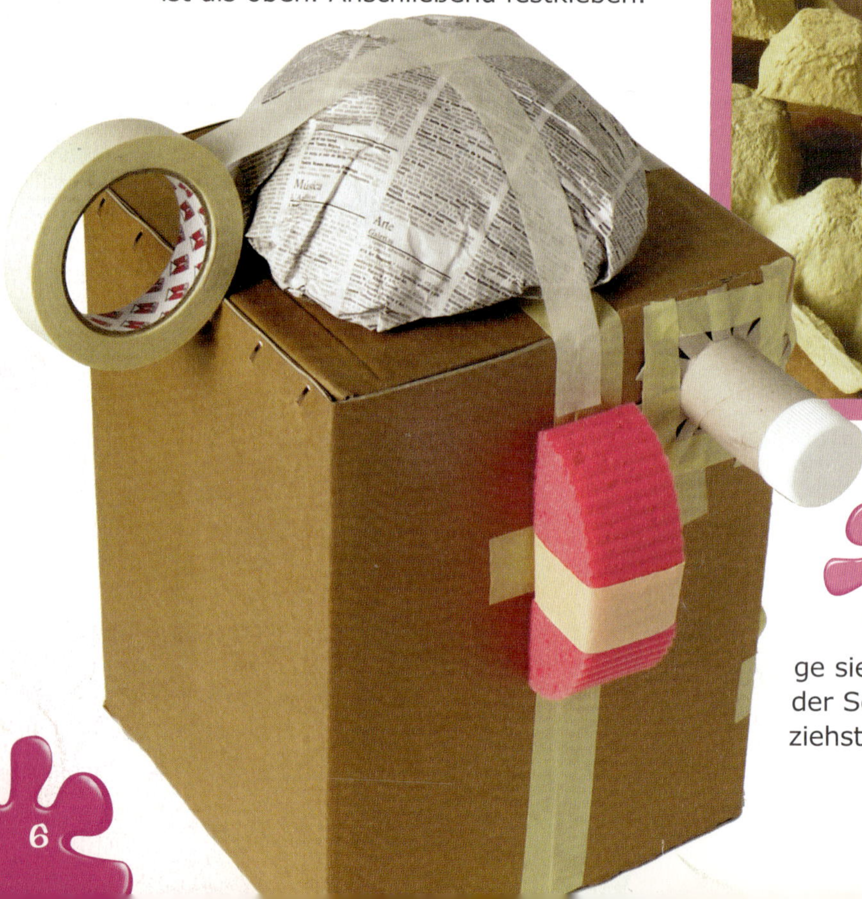

5 Knülle das Zeitungspapier zu einer Halbkugel zusammen, und befestige sie mit dem Klebeband oben auf der Schachtel. Anschließend überziehst du den Karton mit der Alufolie.

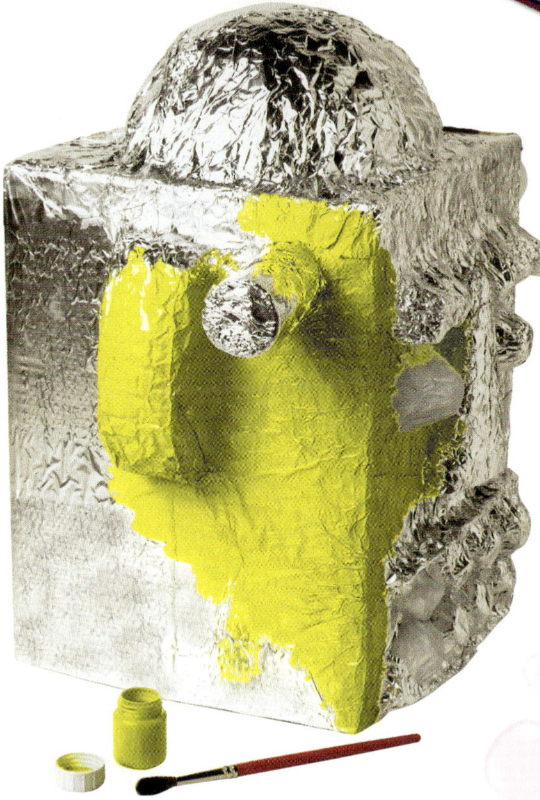

6 Male dann das Gesicht gelb, die Lippen rot und die Augenbrauen sowie die Pupillen schwarz an.

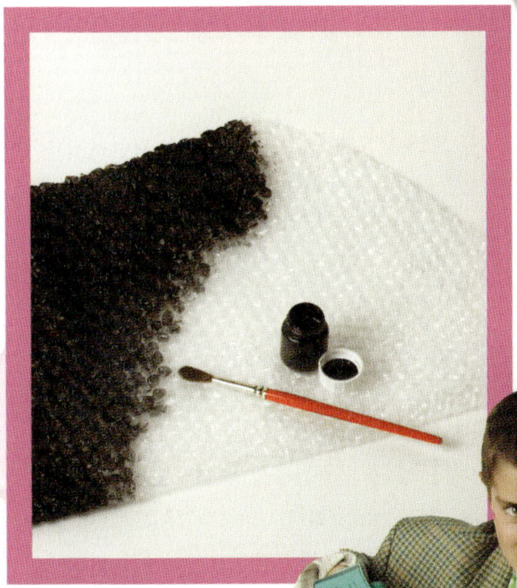

7 Jetzt sind die Haare an der Reihe: Schneide dazu in die Luftpolsterfolie Fransen, male alles schwarz an, und klebe sie auf dem Kopf fest.

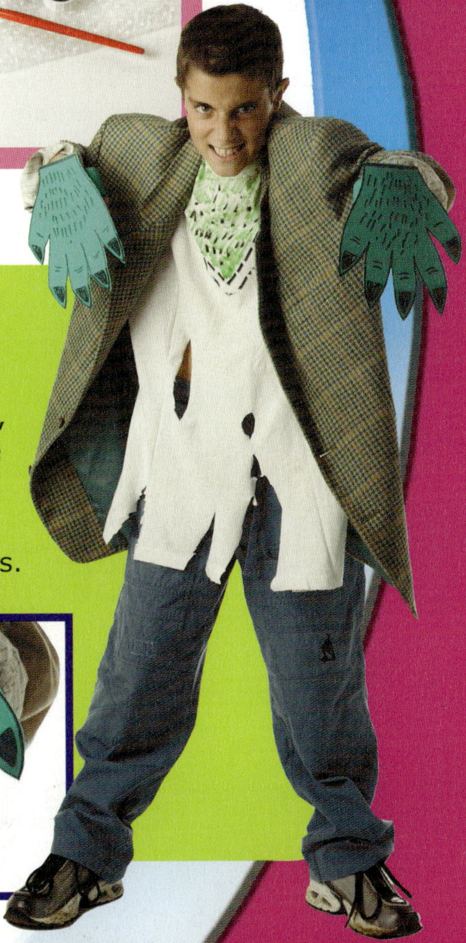

## HILFE – EIN UNGEHEUER!

**1** Besorge dir ein altes T-Shirt – am besten in XXL –, schneide Fransen und Löcher hinein, und male eklige schwarze und grüne Haare auf die Brust.

**2** Leihe dir von deinem Vater ein altes Sakko aus.

**3** Zeichne zwei Monsterhände auf Kartonpapier. Befestige ein Gummiband auf der Rückseite. Ziehe sie danach über deine Hände – schaurig!

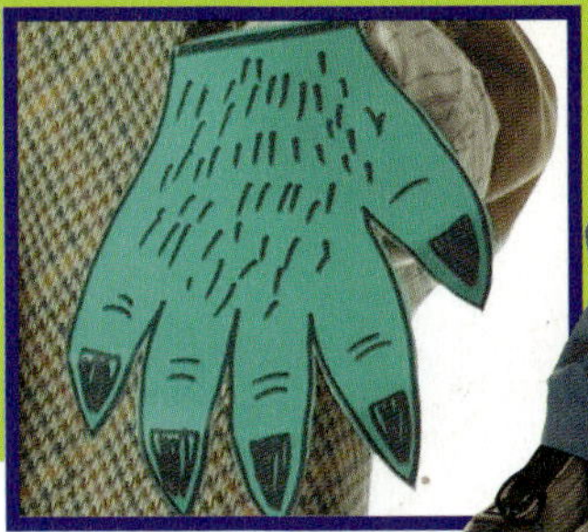

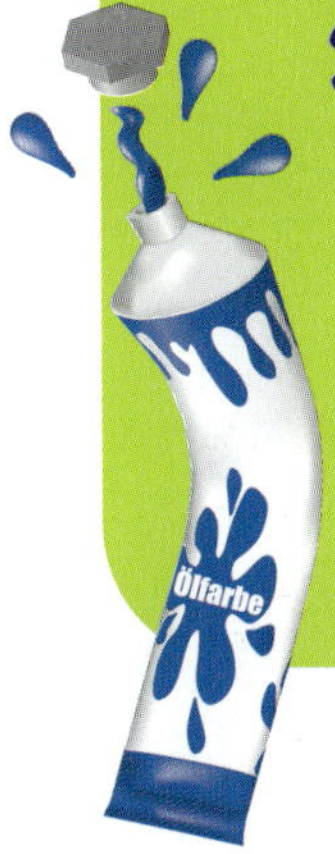

# RIESEN

So wird aus einem Pappkarton ein ganz besonderes Tier!

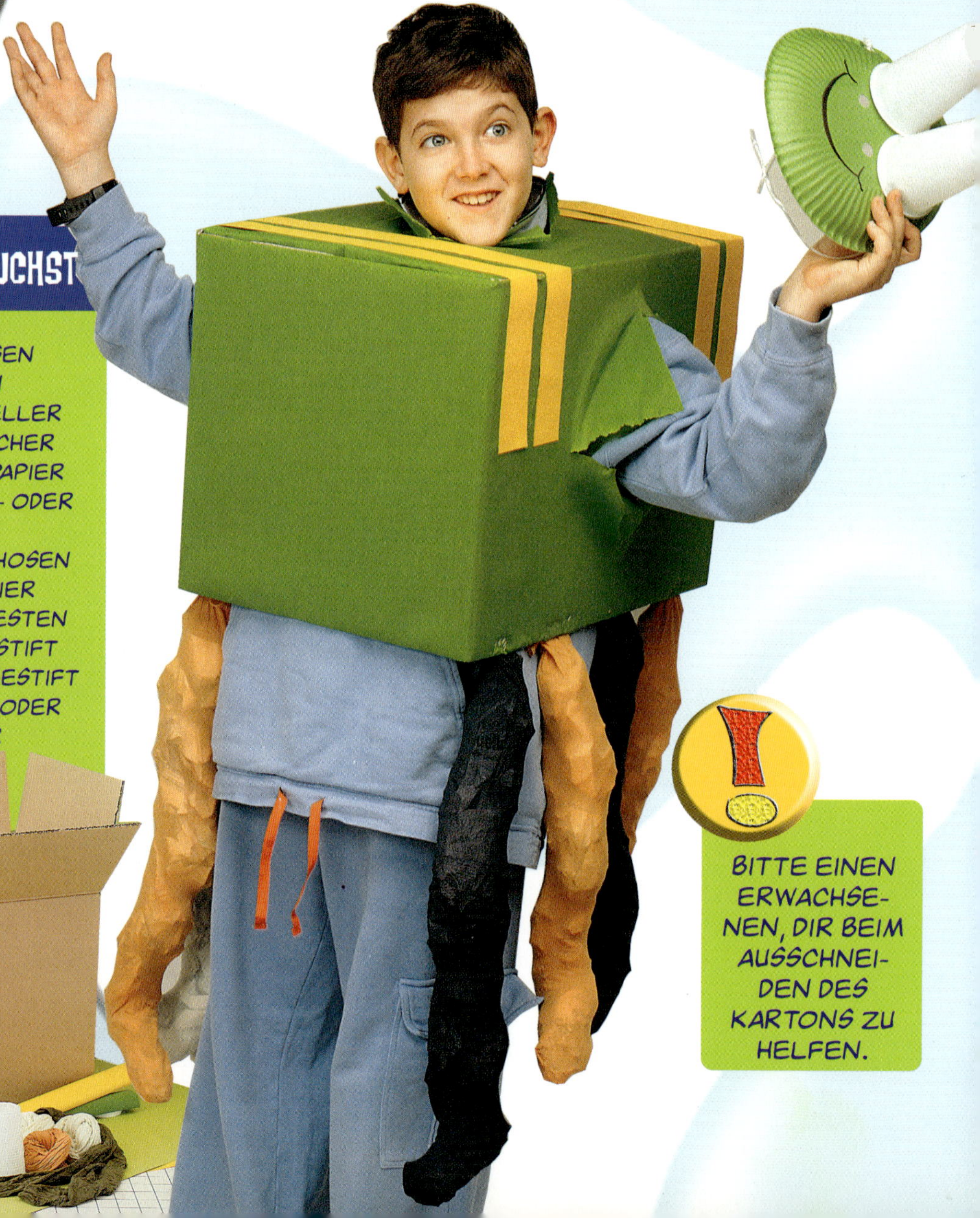

## WAS DU BRAUCHST

- EINEN GROSSEN PAPPKARTON
- EINEN PAPIERTELLER
- ZWEI PAPIERBECHER
- GRÜNES KREPPPAPIER
- GELBES KARTON- ODER TONPAPIER
- BUNTE STRUMPFHOSEN
- ZEITUNGSPAPIER
- EINEN WASSERFESTEN SCHWARZEN FILZSTIFT
- SCHERE UND KLEBESTIFT
- EIN GUMMIBAND ODER EINE SCHNUR

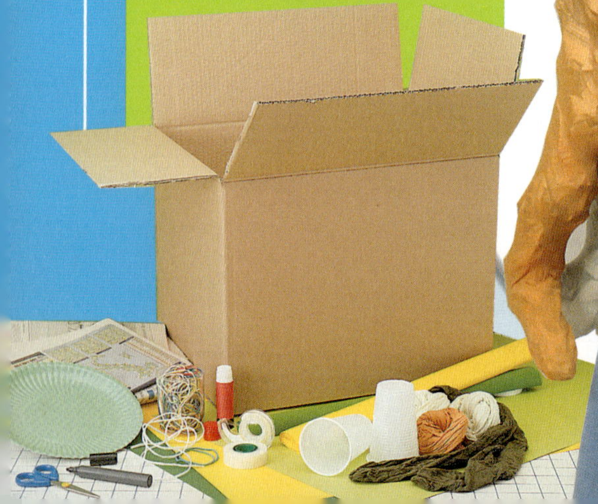

BITTE EINEN ERWACHSENEN, DIR BEIM AUSSCHNEIDEN DES KARTONS ZU HELFEN.

# RAUPE

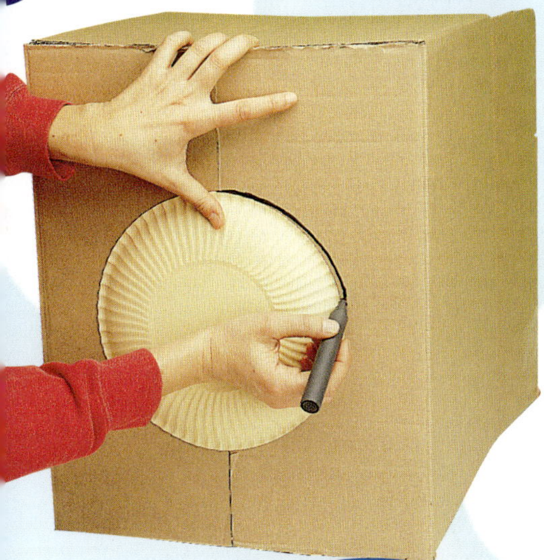

1 Schneide die beiden Deckellaschen des Kartons ab. Lege einen Papierteller in die Mitte eines der beiden langen Seitenteile, und fahre den Umriss mit dem schwarzen Marker nach.

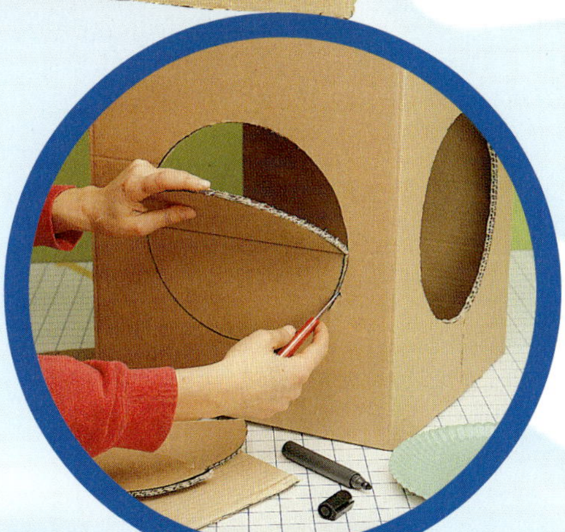

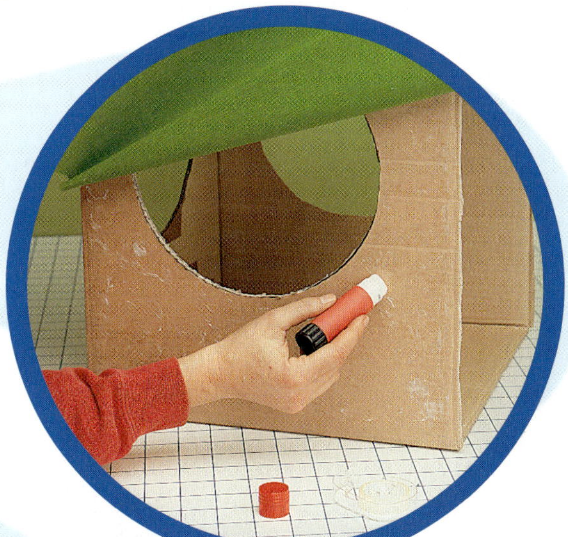

2 Mach das Gleiche auf der anderen Seite und auf dem Boden des Kartons, bis du insgesamt drei Kreise hast. Bitte jetzt einen Erwachsenen, dir beim Ausschneiden der Öffnungen zu helfen. Durch die drei Löcher müssen später deine Arme und dein Kopf passen.

3 Bestreiche den Karton mit dem Klebestift, und überziehe alles mit grünem Krepppapier. Über den drei Öffnungen schneidest du einfach ein Kreuz in das Papier.

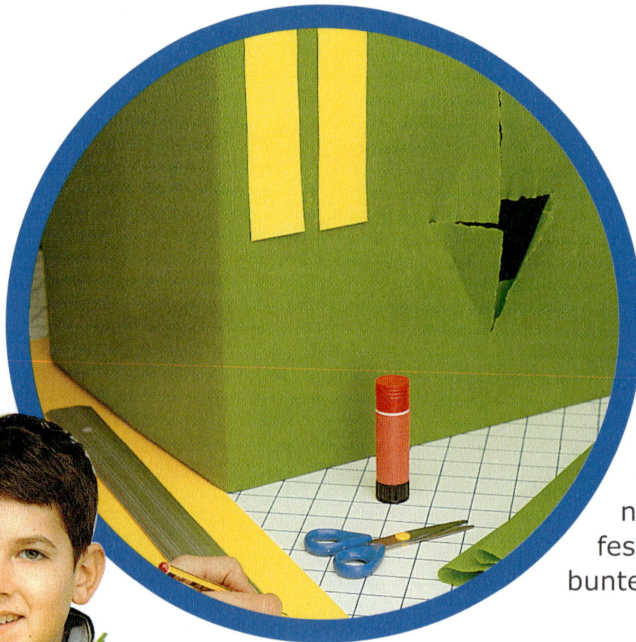

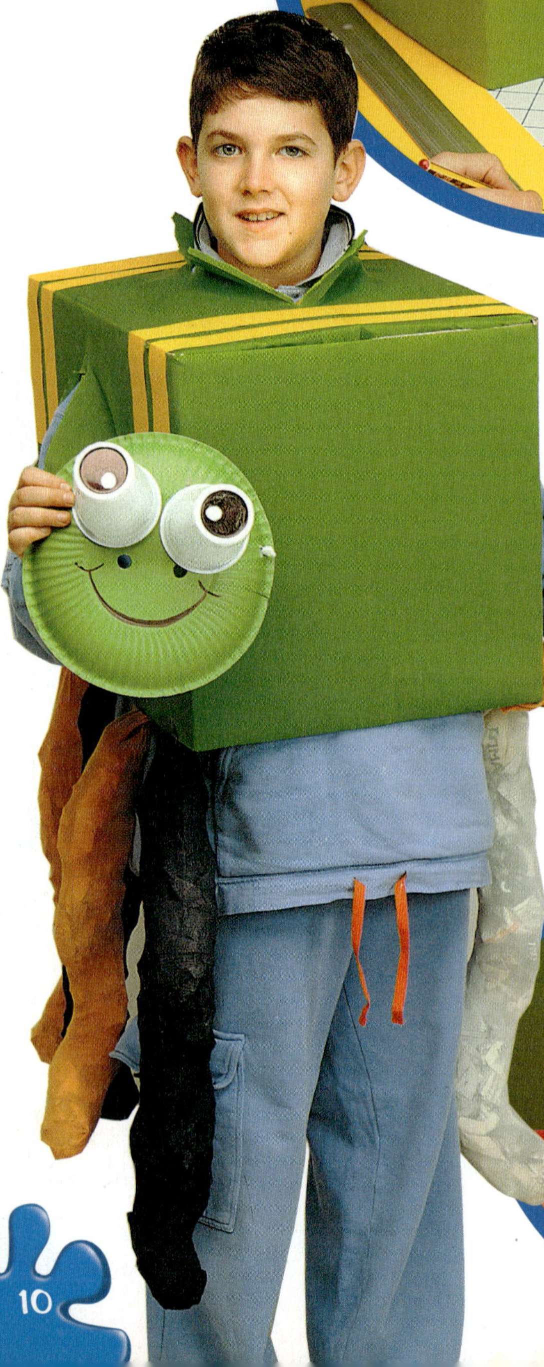

**4** Nimm das gelbe Kartonpapier, und zeichne 4 Streifen ein. Sie sollten 8–10 cm breit und so lang wie der Karton sein. Schneide sie aus, lege sie oben auf die Schachtel, biege die Seiten nach unten, und klebe sie fest. Jetzt hat deine Raupe ein buntes Rückenmuster!

Mit Watte ausgestopfte Beine sind etwas weicher als solche, für die Papier verwendet wurde. Aber die Knie lassen sich schlechter bewegen.

**5** Beine braucht deine Raupe natürlich auch: Schneide von den Strumpfhosen die Beine ab, und stopfe sie mit Zeitungspapier aus. Dann befestigst du sie mit Klebeband unter den Armlöchern auf der Innenseite des Kartons.

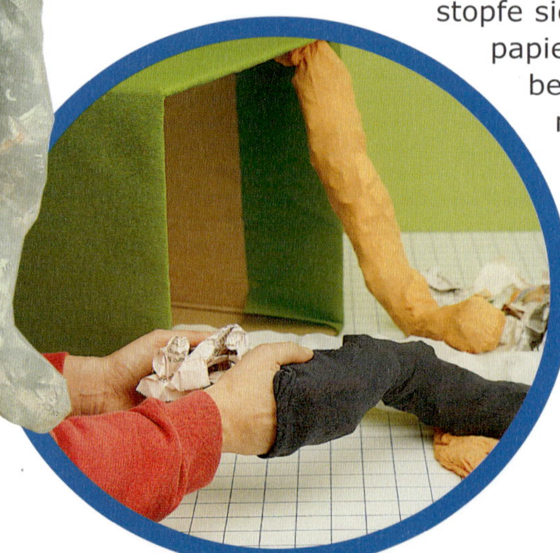

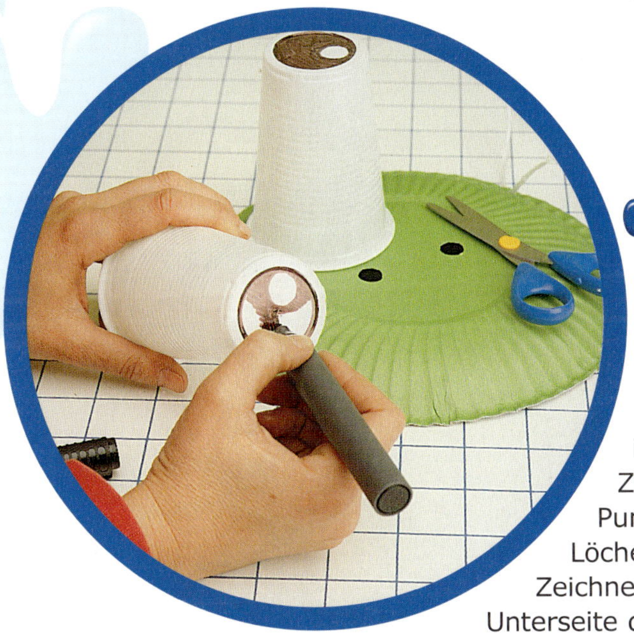

6

Jetzt kommt die Raupenmaske an die Reihe: Nimm den Papierteller, und male ihn grün oder gelb an. Zeichne auf Augenhöhe zwei Punkte ein, und schneide die Löcher mit der Schere aus. Zeichne nun zwei Augen auf die Unterseite der Pappbecher, und klebe sie auf dem Teller fest.

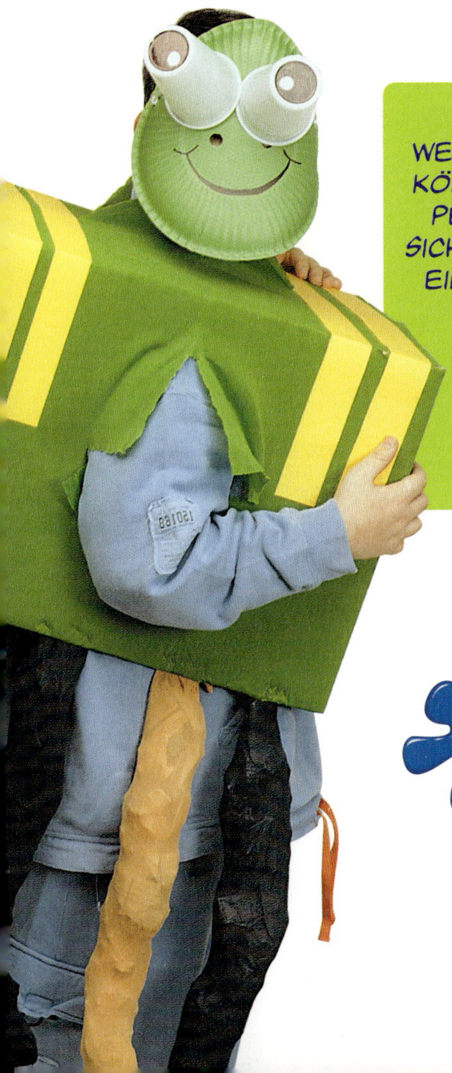

WENN DEINE FREUNDE AUCH MITMACHEN, KÖNNT IHR ZUSAMMEN EINE RIESENRAUPE BILDEN: JEDER VON EUCH BASTELT SICH EINEN EIGENEN RAUPENKARTON UND EINE EIGENE RAUPENMASKE, UND DANN STELLT IHR EUCH EINFACH IN EINER SCHLANGE HINTEREINANDER AUF UND BINDET DIE KARTONS AN DEN STRUMPFBEINEN ANEINANDER. GAR NICHT SO EINFACH, IM RAUPENGANG ZU MARSCHIEREN!

7

Jetzt brauchst du nur noch den Mund einzuzeichnen und ein Gummiband oder eine Schnur am Teller zu befestigen. Schon ist die Raupenmaske fertig!

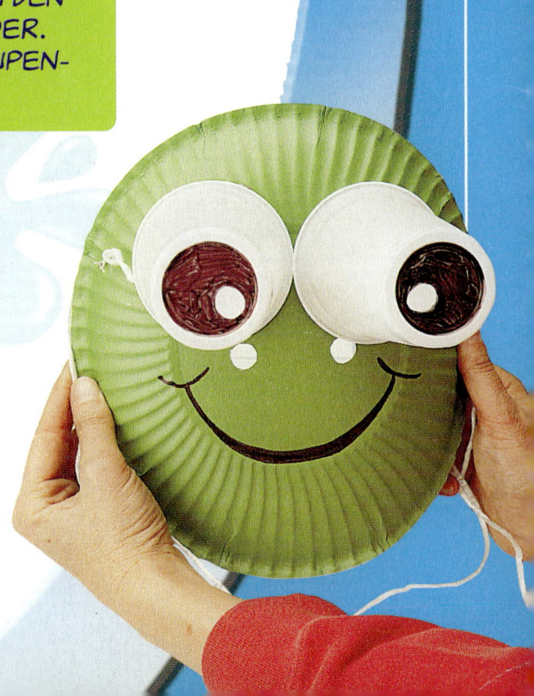

# MARIE

Hier fliegt ein niedlicher Marienkäfer herum – ideal für Spiele im Freien!

## WAS DU BRAUCHST

- EINEN PAPPKARTON
- ROTES UND SCHWARZES TONPAPIER
- EINEN PAPIERTELLER
- VIER SCHAUMSTOFF- ODER STYROPORBÄLLE
- BUNTE KNÖPFE
- EINEN HAARREIF
- PFEIFENREINIGER
- EINEN WASSERFESTEN SCHWARZEN FILZSTIFT
- EIN GUMMIBAND ODER EINE SCHNUR
- SCHERE UND KLEBESTIFT

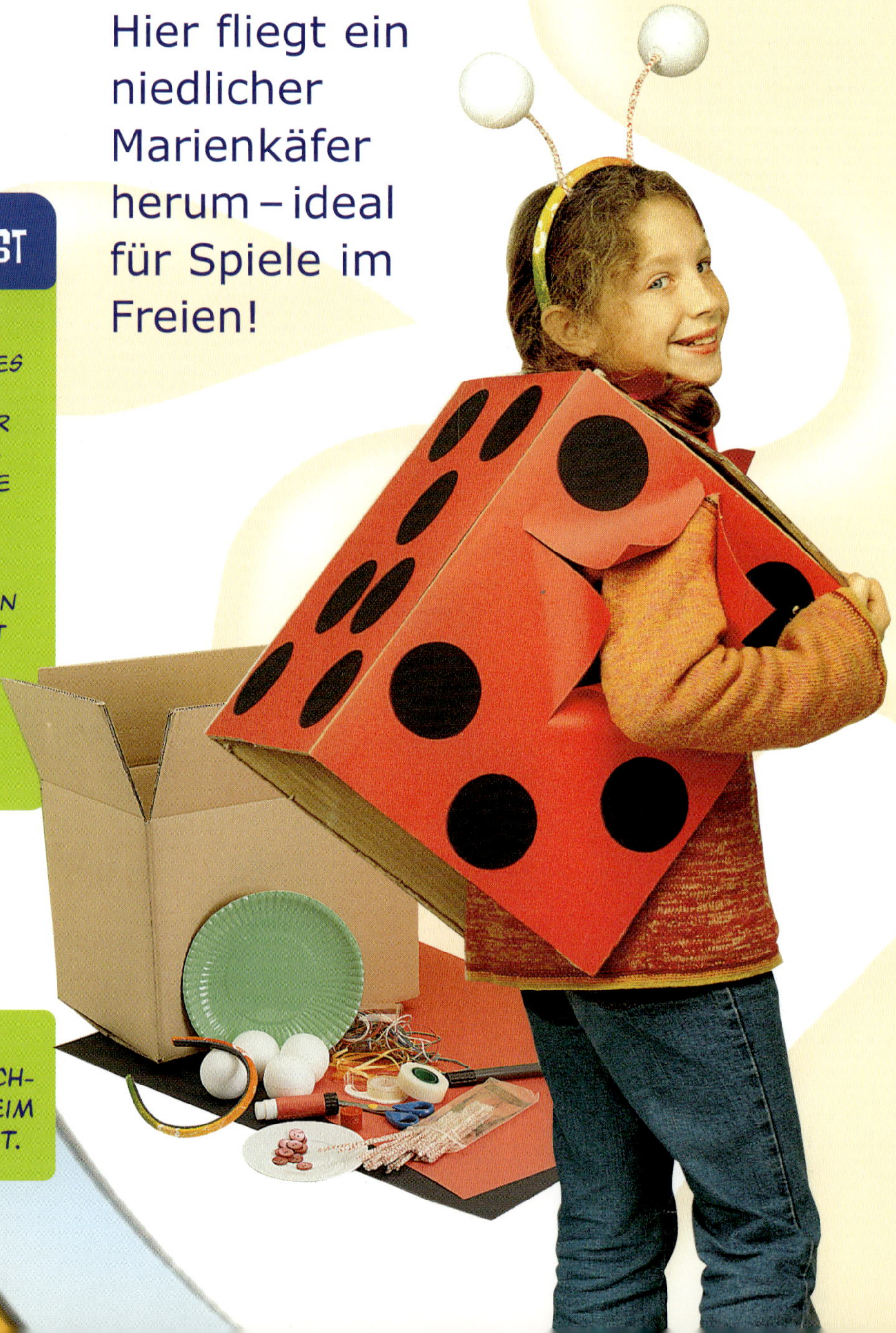

FRAGE EINEN ERWACHSENEN, OB ER DIR BEIM AUSSCHNEIDEN HILFT.

# NKÄFER

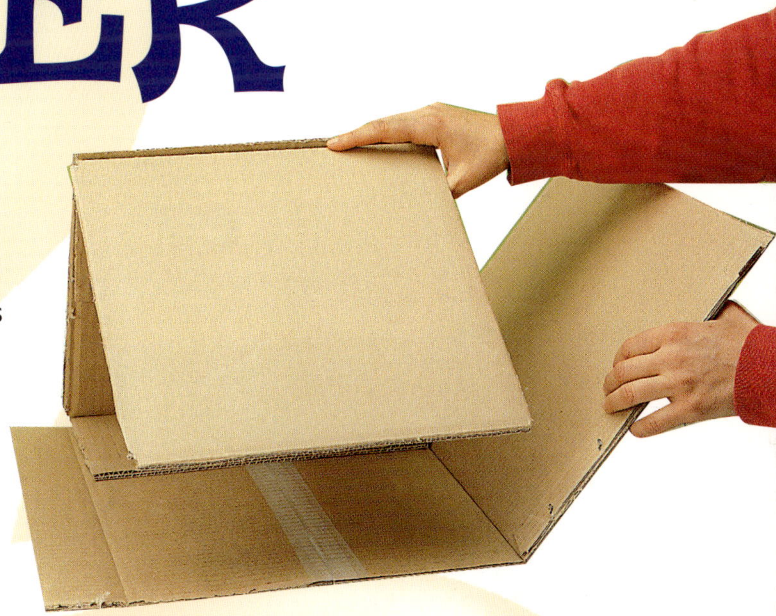

1 Öffne den Karton, und schneide die Seiten so ein, dass der flach ausgebreitete Karton ein T bildet (siehe unten).

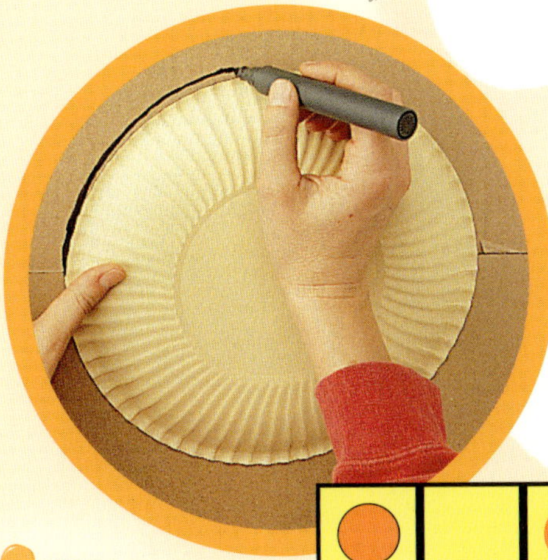

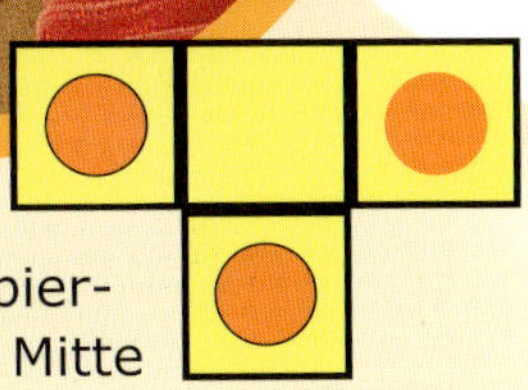

2 Lege den Papierteller in die Mitte der hier gekennzeichneten Seitenflächen, und fahre die Umrisse mit dem schwarzen Marker nach. Bitte einen Erwachsenen, dir beim Ausschneiden der Kreise zu helfen. Jetzt hast du drei Öffnungen, durch die du später Kopf und Arme stecken kannst.

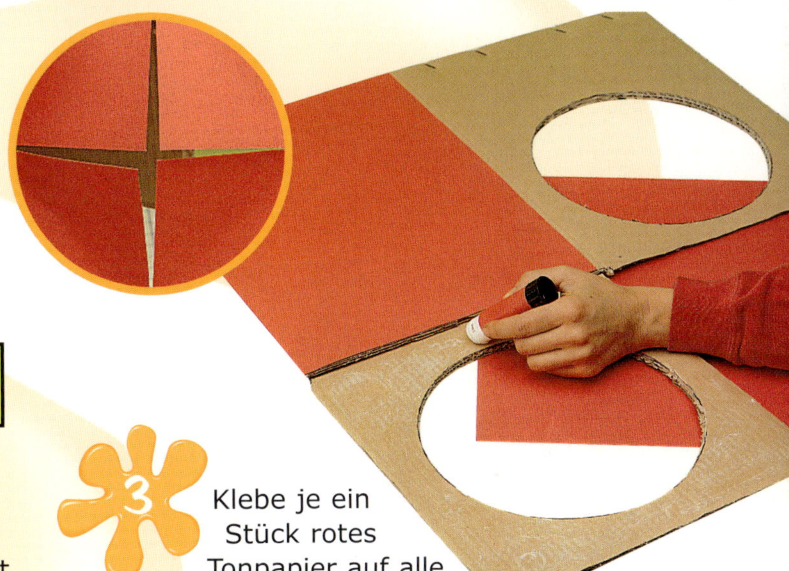

3 Klebe je ein Stück rotes Tonpapier auf alle vier Kartonrechtecke. Über den drei Öffnungen schneidest du das Papier kreuzförmig ein. Orientiere dich an den Diagonalen, damit die Schnitte schön gleichmäßig aussehen.

4

Nun kommt das Tüpfelchen auf dem i: die Punkte deines Marienkäfers! Zeichne Kreise auf das schwarze Kartonpapier, schneide sie aus, und klebe sie auf den Pappkarton.

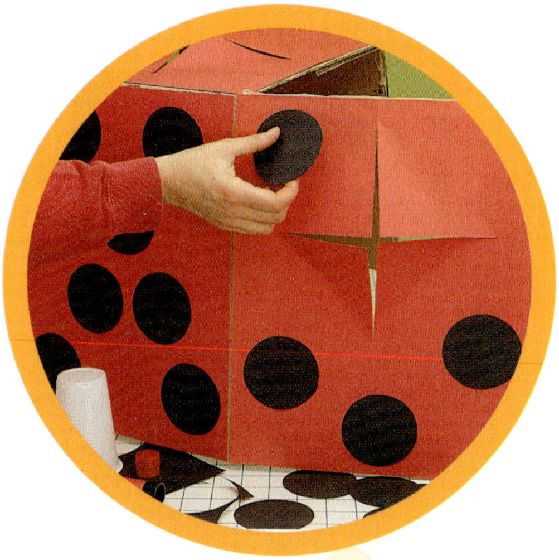

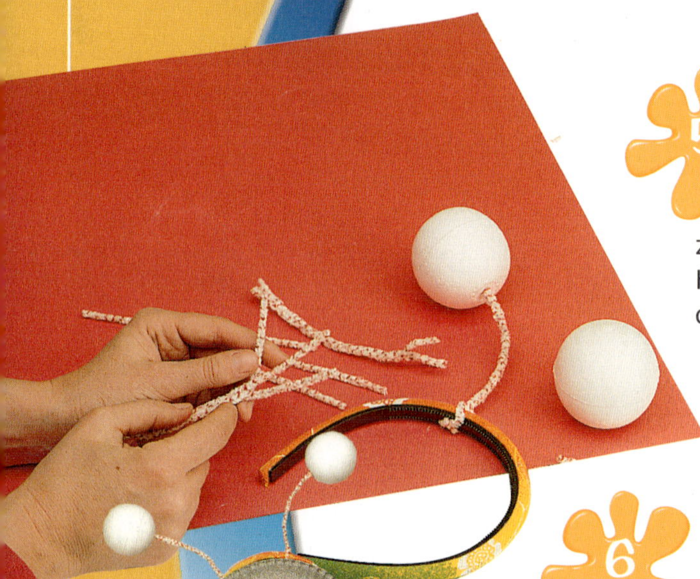

5

So bastelst du die lustigen Antennen: Flechte jeweils drei Pfeifenreiniger zu einem Zopf zusammen, und befestige ihn am Haarreif. Auf die beiden Zöpfe steckst du je einen Styroporball.

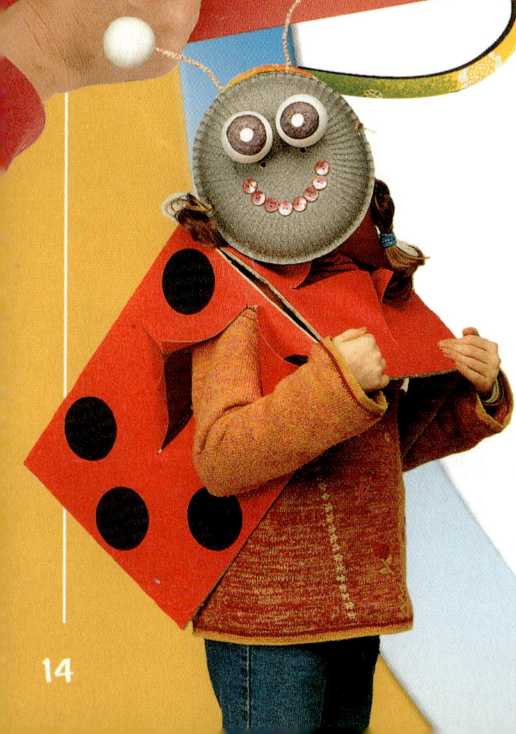

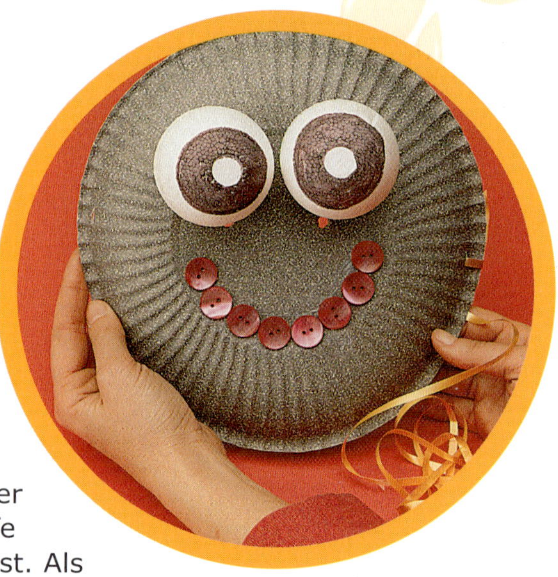

6

Nimm einen Papierteller, male ihn braun oder schwarz an, und klebe auf der Rückseite Knöpfe für den Mund fest. Als Augen nimmst du einfach zwei Styroporbälle. Jetzt fehlt nur noch ein Gummiband oder eine Schnur, und du kannst dir die Marienkäfermaske aufsetzen!

# Verrückte KÖPFE

Leute, lasst uns Puppentheater spielen – mit den verrückten Ballonköpfen!

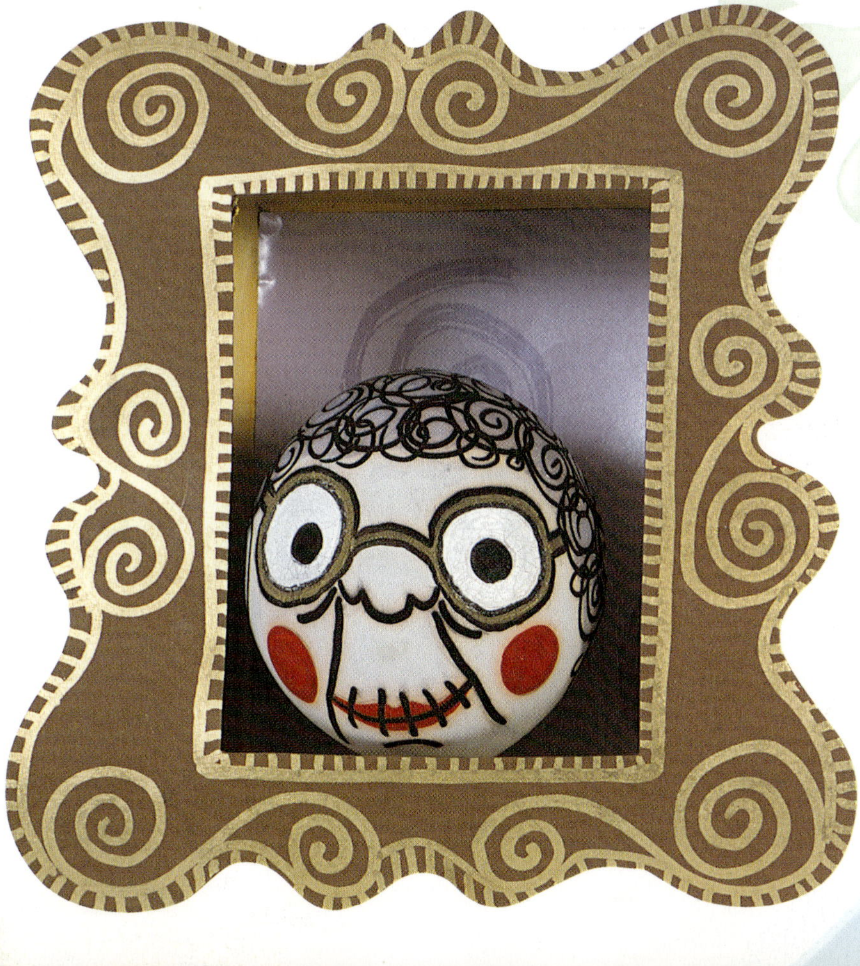

## WAS DU BRAUCHST

- EINEN PAPPKARTON
- TON- ODER KARTONPAPIER
- LUFTBALLONS
- EINEN WASSERFESTEN STIFT
- SCHERE
- EINEN BLEISTIFT
- TEMPERA- ODER ACRYLFARBEN
- EINE SCHÜSSEL

Du kannst ja die Gesichter deiner Lieblingssänger oder Lieblingsschauspieler auf die Ballons zeichnen. Der Rahmen wird so zu einem Fernsehschirm – und dann heißt es: Vorhang auf für deine Mega-Show!

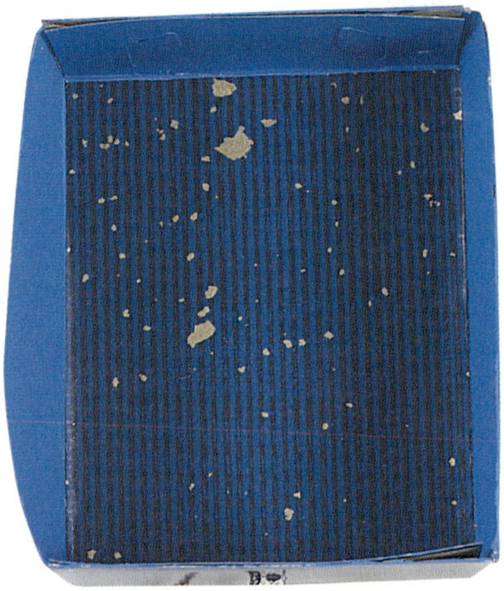

1 Nimm den Pappkarton, schneide die Oberseite ab, und male die Innenseiten und den Boden schwarz oder blau an. Steche dann mit der Bleistiftspitze ein paar Löcher in den Boden.

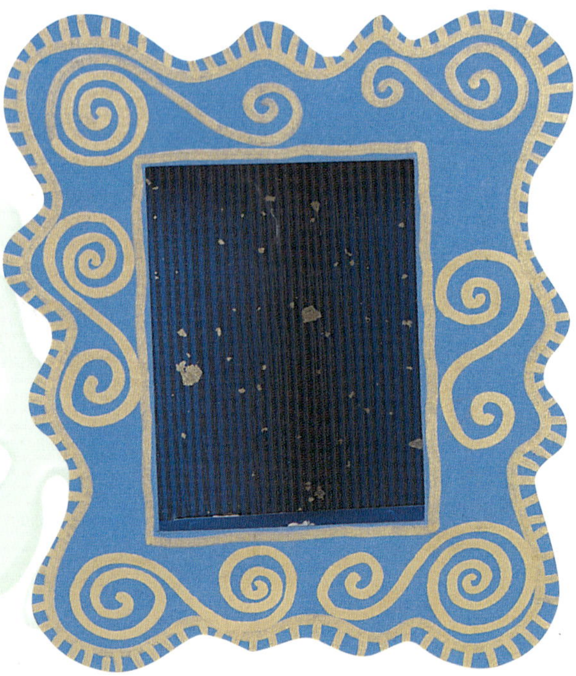

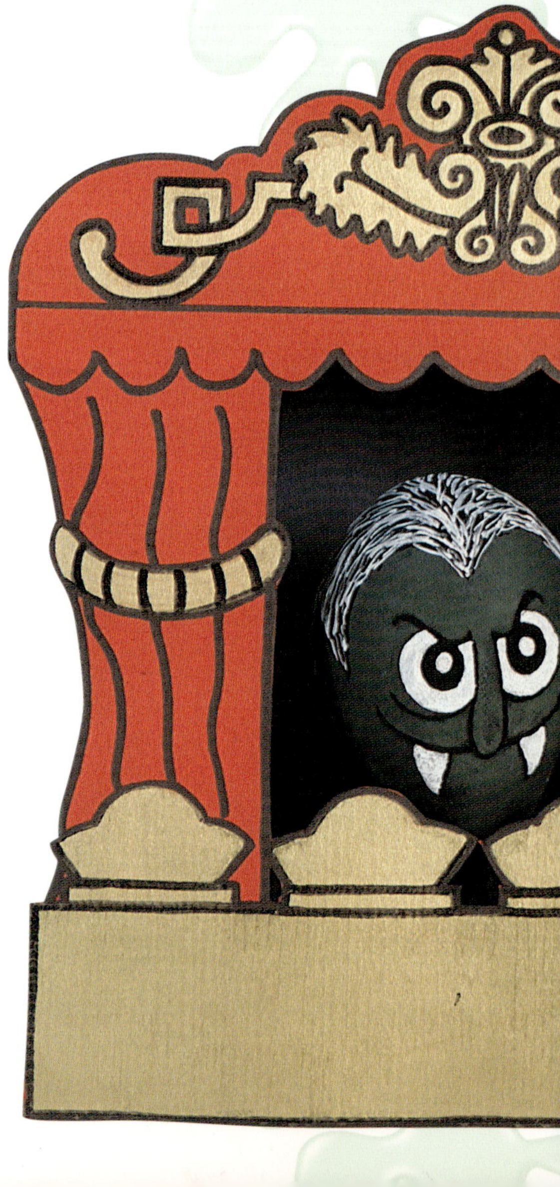

2 Jetzt nimmst du ein Stück Pappe, legst den Karton darauf, fährst die Umrisse nach und schneidest das Innere aus. Zeichne außen einen schönen Rahmen ein, den du mit Mustern verzierst. Schneide den Rahmen aus, und klebe ihn auf den Rand deines Kartons.

3 Blase den Luftballon so fest wie möglich auf, knote ihn unten zu, und klemme ihn in einer Schüssel fest. Jetzt kannst du ihn nach Belieben mit dem wasserfesten Stift bemalen. Lass dann so viel Luft heraus, dass er gut in deinen Pappkarton passt, knote ihn unten wieder zu, und schiebe den Knoten durch eines der Löcher, die du in den Kartonboden gestanzt hast.

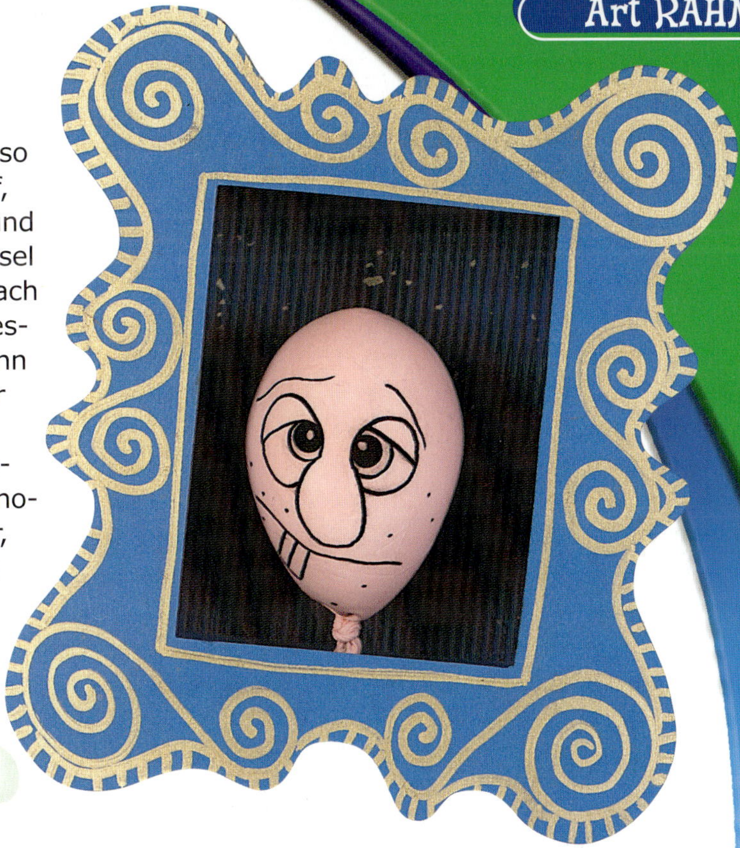

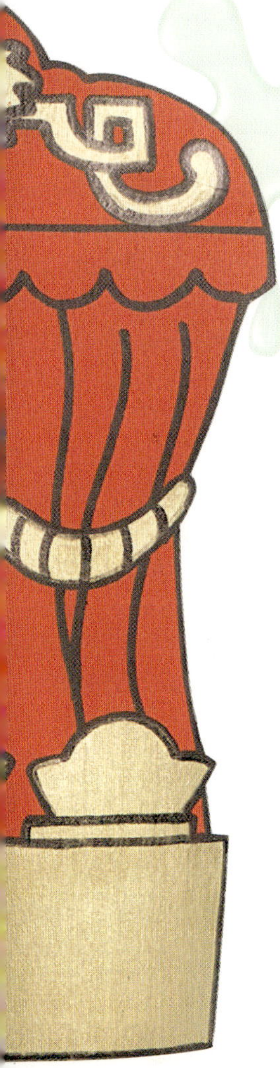

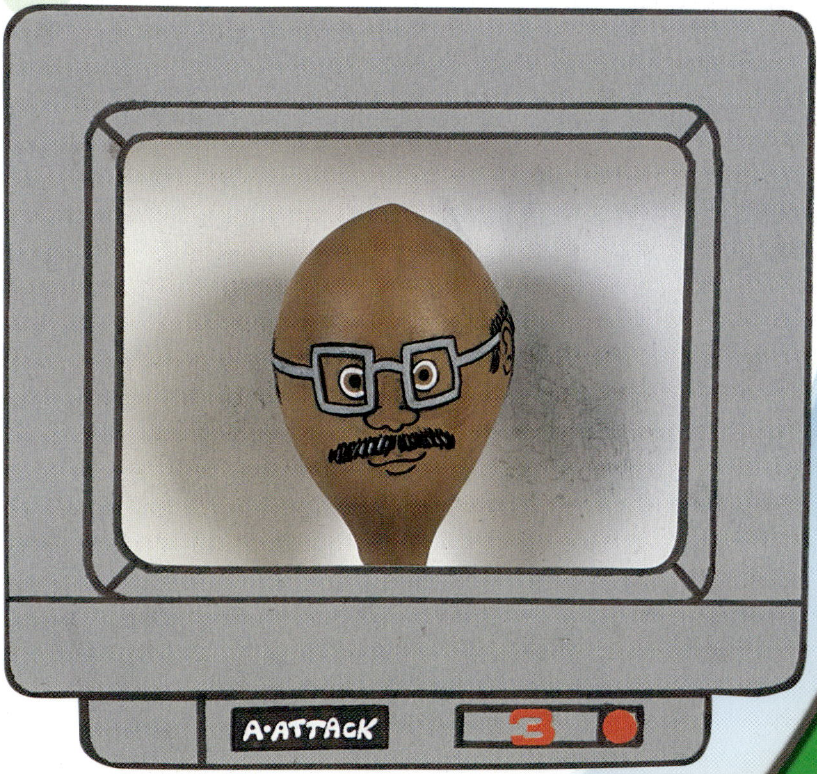

# KOPF

Was hast du dir denn da in den Kopf gesetzt?! Blöde Frage ... eine Art-Attack-Idee natürlich!

## WAS DU BRAUCHST

- PAPPE
- SCHWARZES KREPPPAPIER
- TEMPERAFARBEN
- STIFTE
- GUMMIBÄNDER
- KLEBEBAND
- SCHERE UND KLEBESTIFT

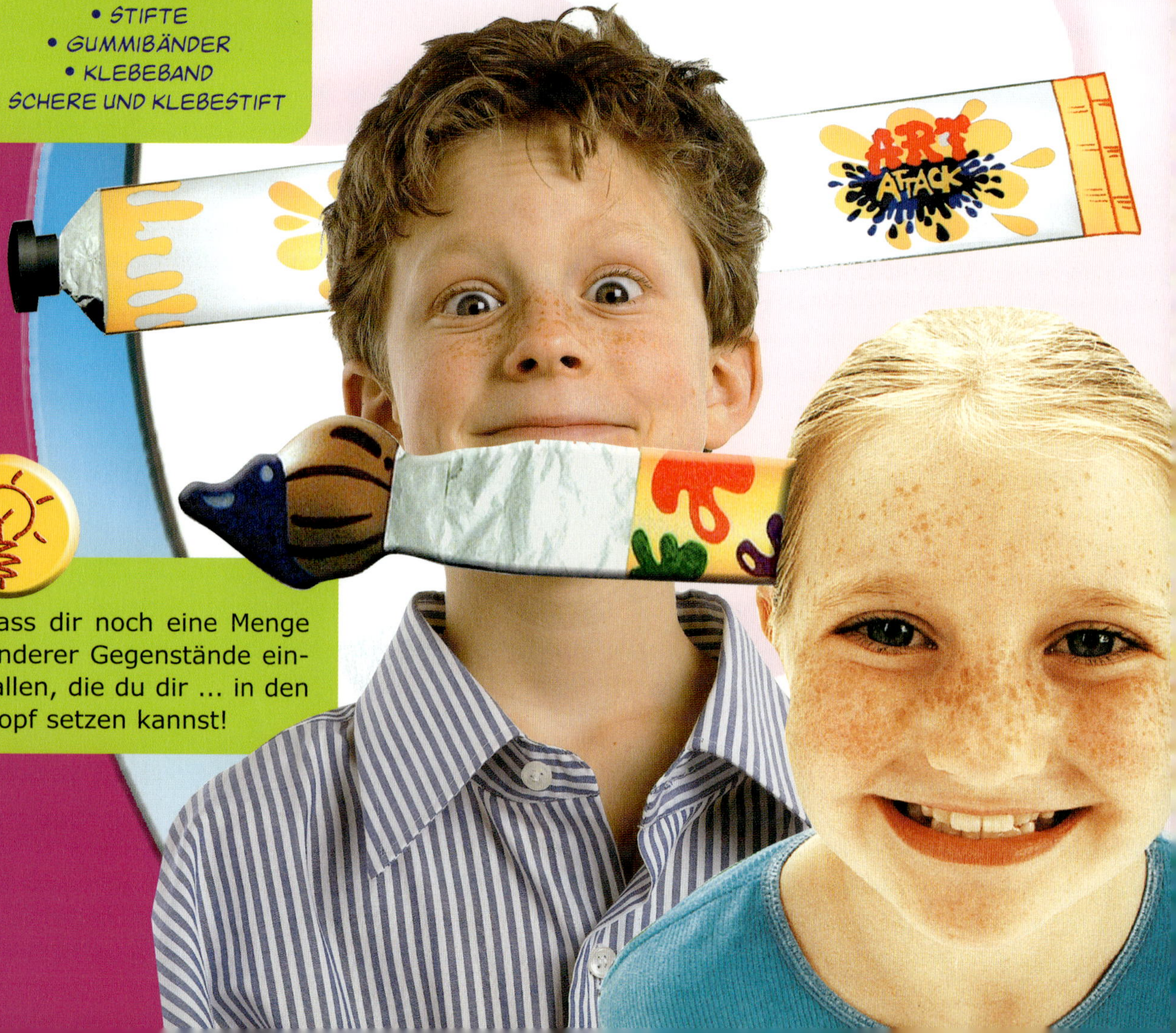


Lass dir noch eine Menge anderer Gegenstände einfallen, die du dir ... in den Kopf setzen kannst!

# SCHMUCK

1 Zeichne mit Bleistift einen Riesenstift auf den Pappkarton, und schneide ihn aus.

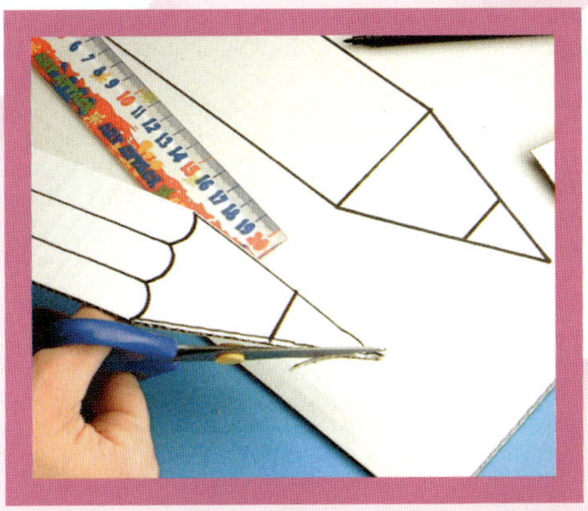

2 Schneide den Stift in der Mitte auseinander, und male beide Teile mit Temperafarben an.

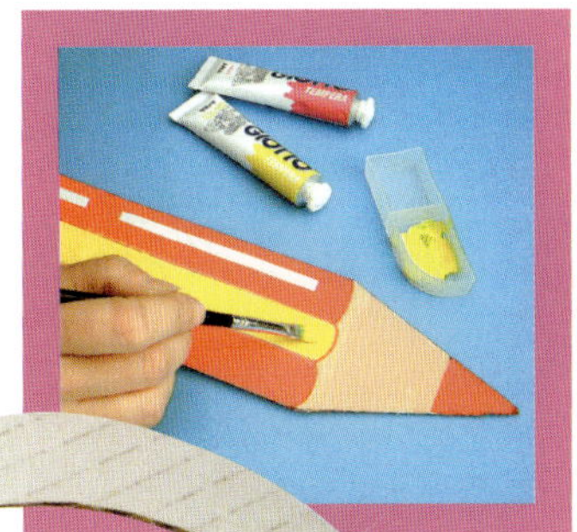

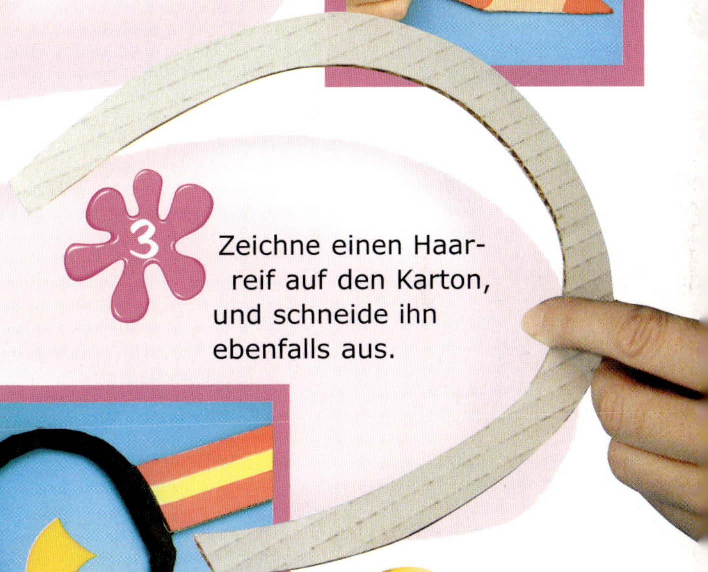

3 Zeichne einen Haarreif auf den Karton, und schneide ihn ebenfalls aus.

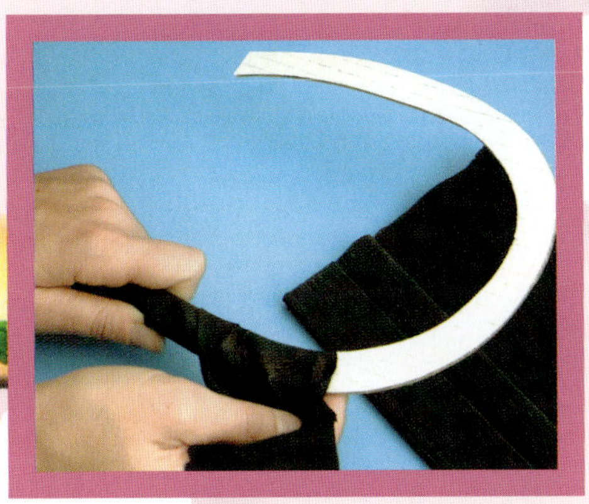

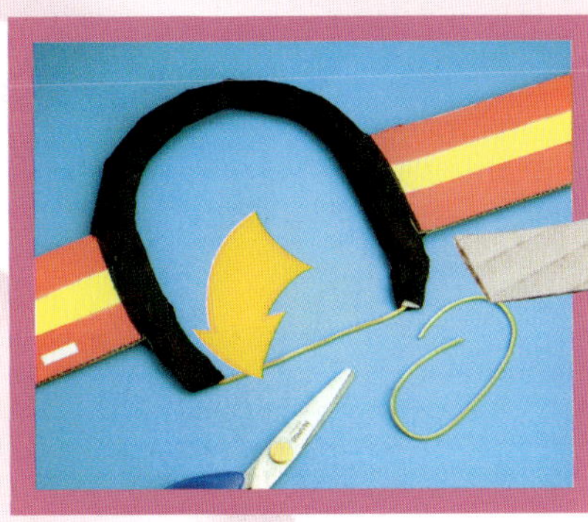

4 Umwickle den Reif mit dem Krepppapier, und befestige es mit Klebeband.

5 Klebe die Stifthälften am Haarreif fest. Befestige an den Enden ein Gummiband – fertig!

!

SCHIEB DAS GUMMIBAND IN DEN NACKEN, DAMIT DEIN STIFT HÄLT.

# GIPS

## WAS DU BRAUCHST

- EINE SCHACHTEL AUS KARTON
- TOILETTENPAPIER
- VINYLKLEBER
- ZEITUNGSPAPIER
- KLEBEBAND
- SCHERE

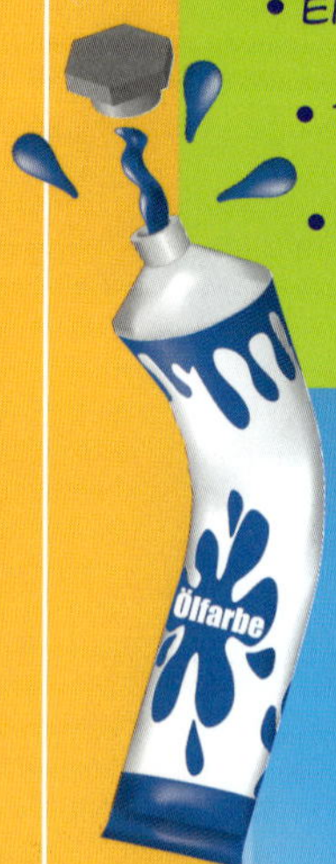


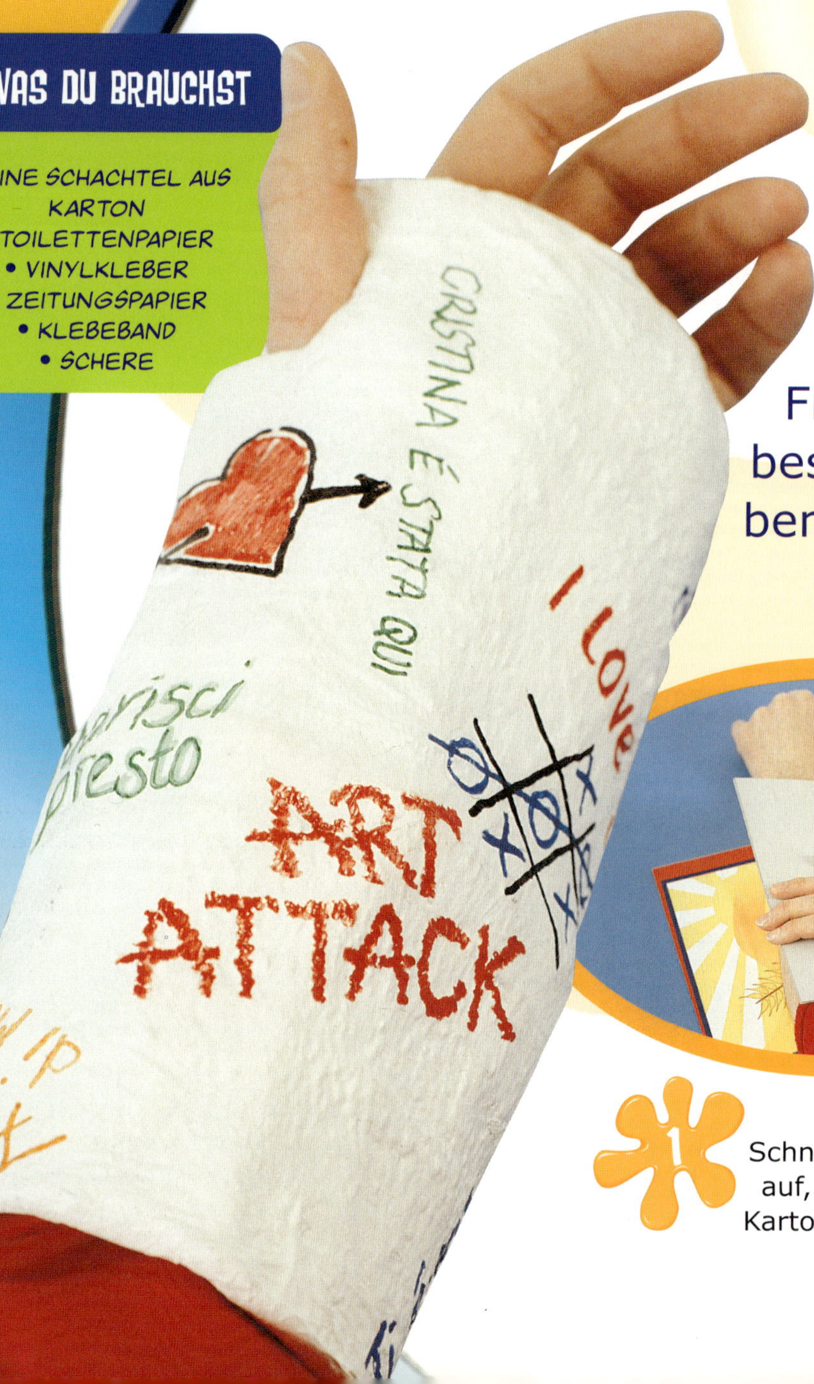


Mit diesem Gipsverband aus Pappe werden dich deine Freunde ganz bestimmt bemitleiden!

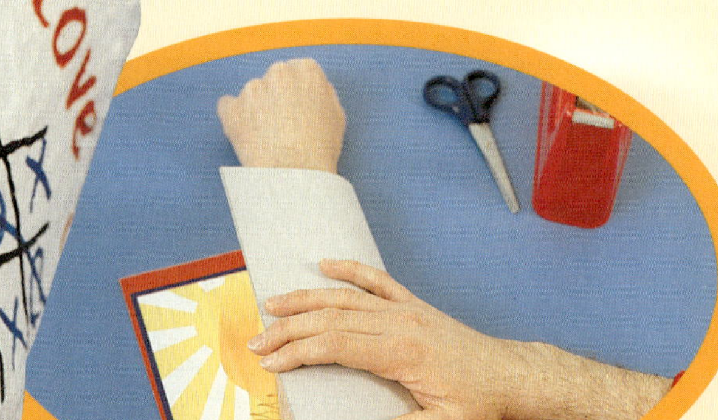

1 Schneide die Schachtel auf, und wickle den Karton um deinen Arm.

# VERBAND

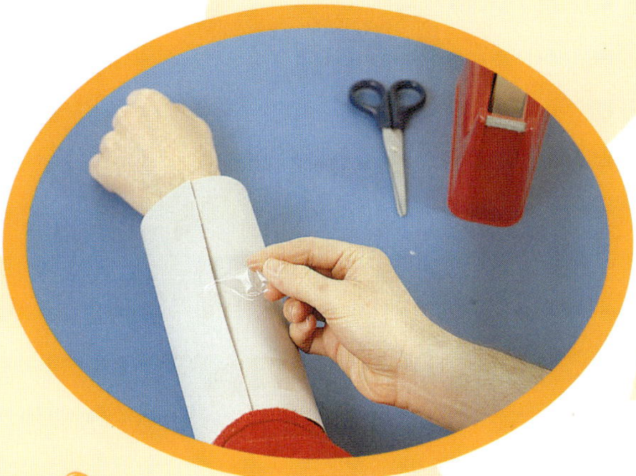

2 Fixiere die Kartonrolle mit einem Stück Klebeband.

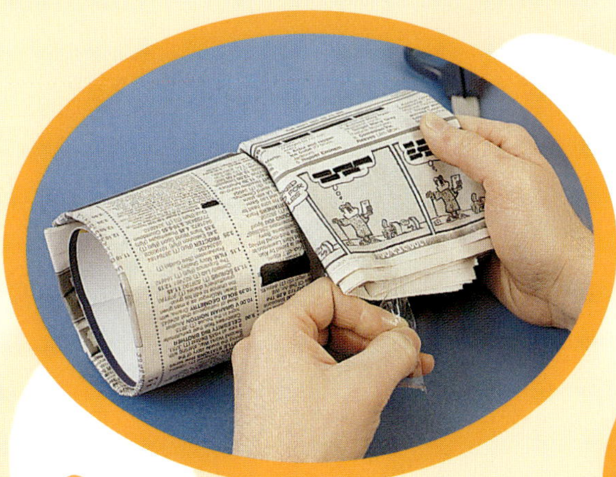

3 Wickle Zeitungspapier um die Rolle, das du dann mit Klebeband befestigst.

4 Zieh dir deinen „Gipsverband“ über, und markiere das Loch für den Daumen.

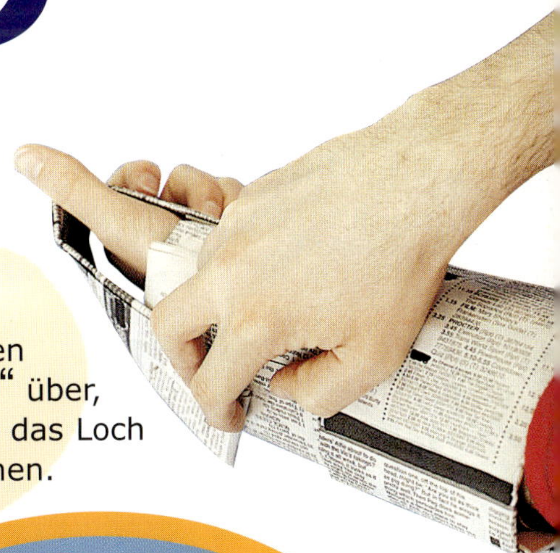

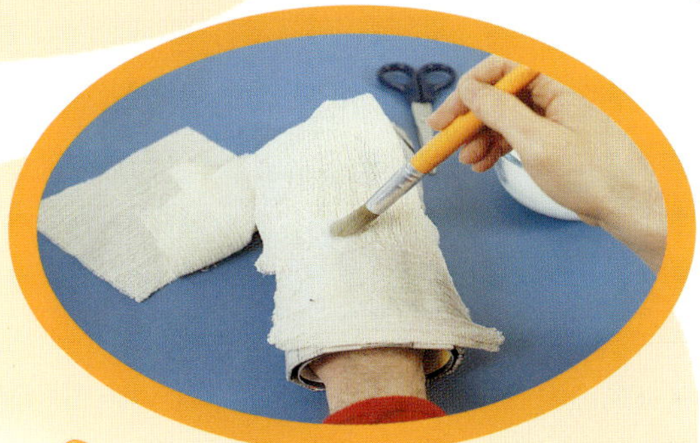

5 Wickle reichlich Toilettenpapier um den Verband. Bepinsele das Ganze mit einer Lösung aus halb Wasser und halb Leim.

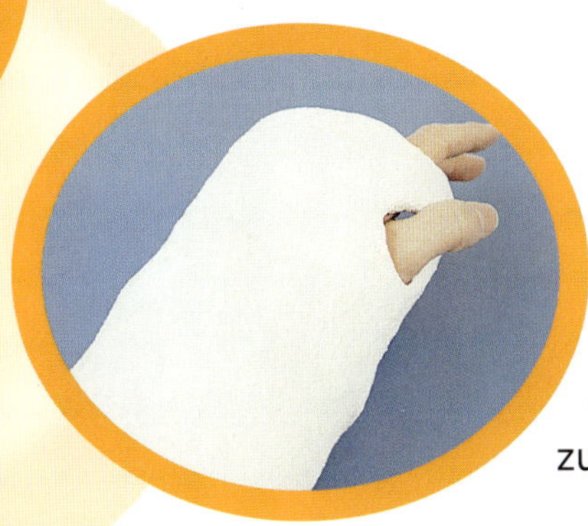

6 Trocknen lassen, und dein Gipsverband ist fertig zum Beschreiben …

# Strand-SPASS

Lust auf eine Strandparty? Verkleide dich doch als Hai, Tintenfisch oder Miesmuschel ... äh, Verzeihung, Auster!

## WAS DU BRAUCHST

- EINE ALTE CAMPINGMATTE
- STIFTE
- STYROPOR- ODER TISCHTENNISBÄLLE
- EINEN PAPIERTELLER
- ZWEI STRÜMPFE
- TOILETTENPAPIER
- KARTONPAPIER
- KLEBEBAND
- KLEBSTOFF ODER DOPPELSEITIGES KLEBEBAND
- SCHERE

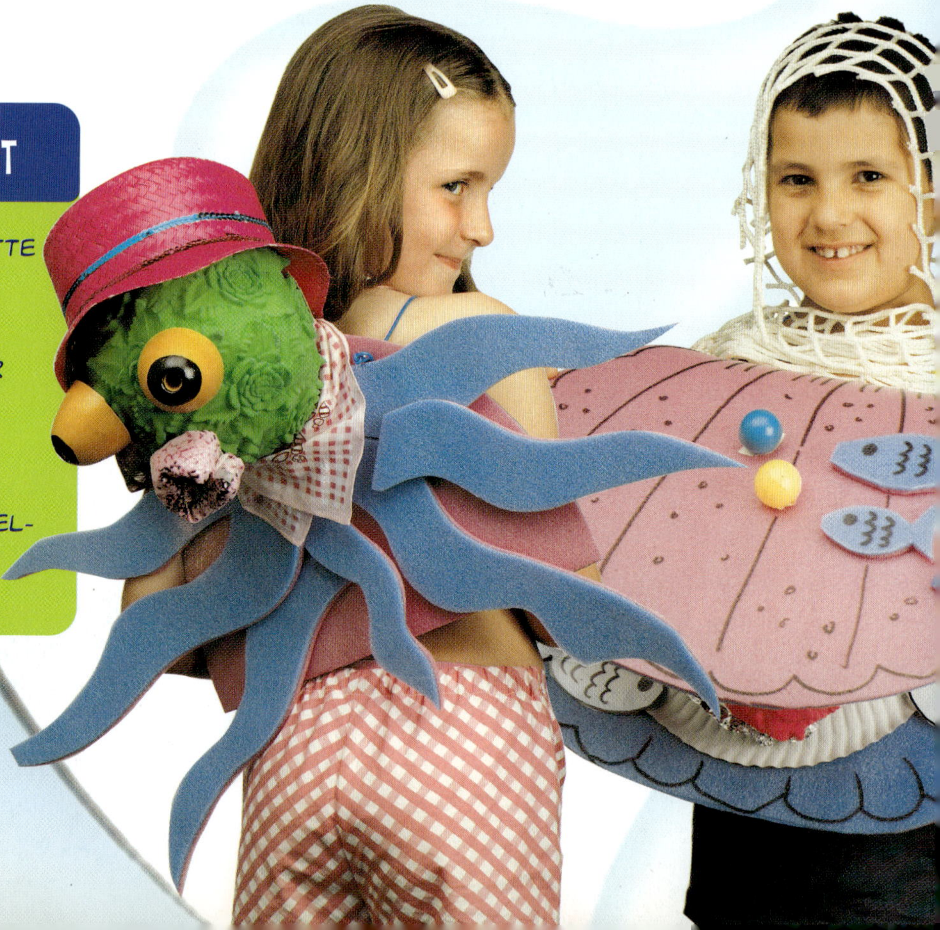

1 Schneide ein Stück von der Campingmatte ab. Zeichne die Umrisse eines Hais darauf, und schneide die Form aus.

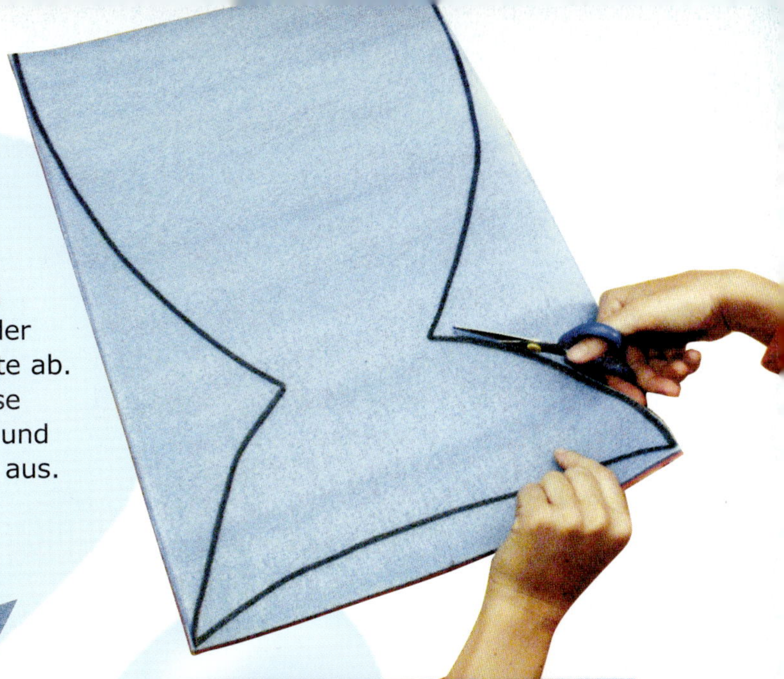

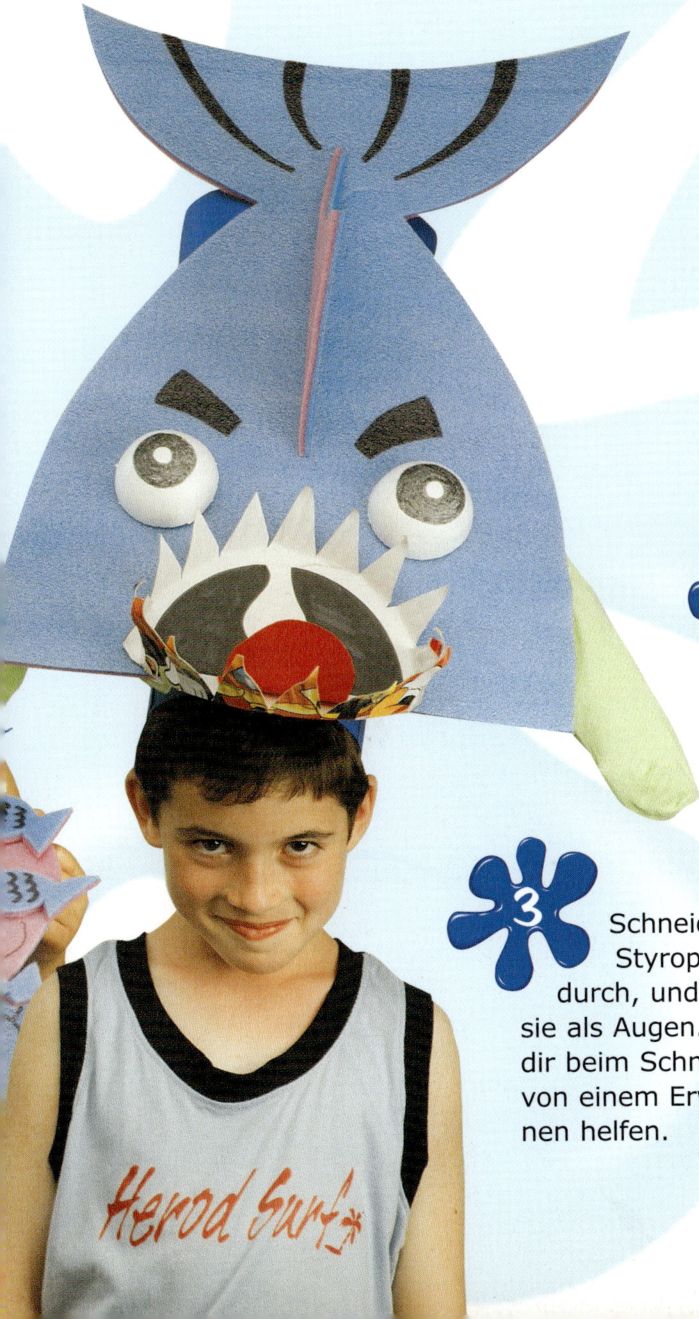


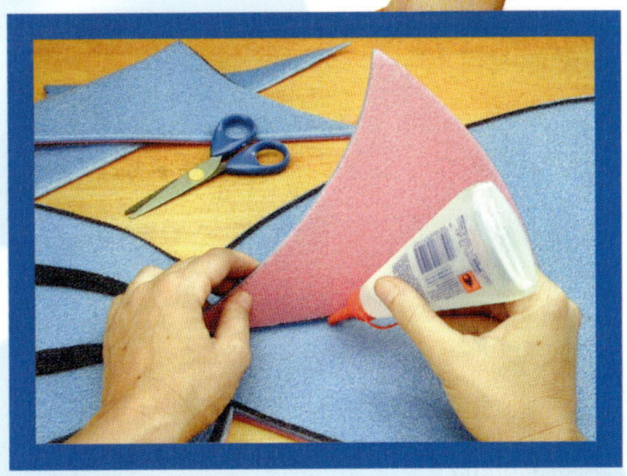

2 Versiehe die Schwanzflosse mit Streifen. Aus einem Rest Matte entsteht die Rückenflosse.

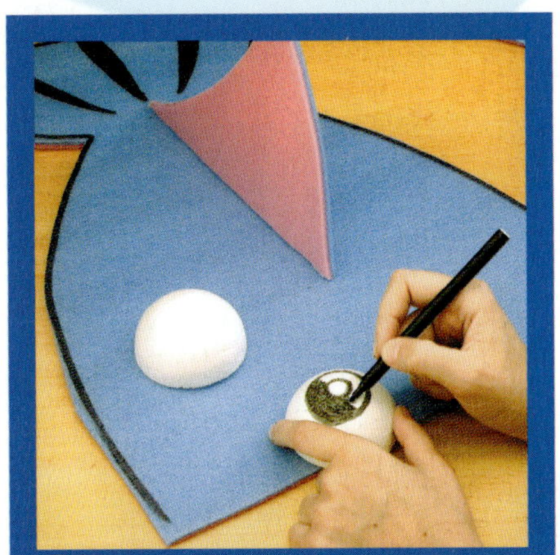

3 Schneide die Styroporbälle durch, und bemale sie als Augen. Lass dir beim Schneiden von einem Erwachsenen helfen.

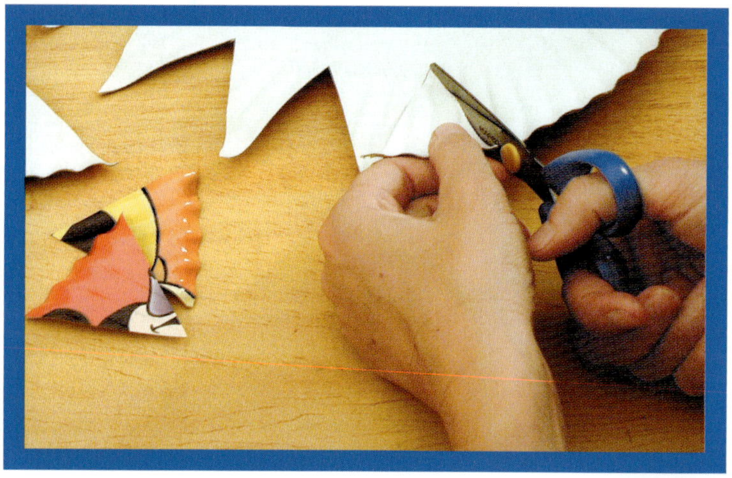

4 Drehe den Papierteller um, und biege ihn in der Mitte zusammen. Dann schneidest du große Zacken in die Ränder – dein Hai braucht schließlich gefährliche große Zähne!

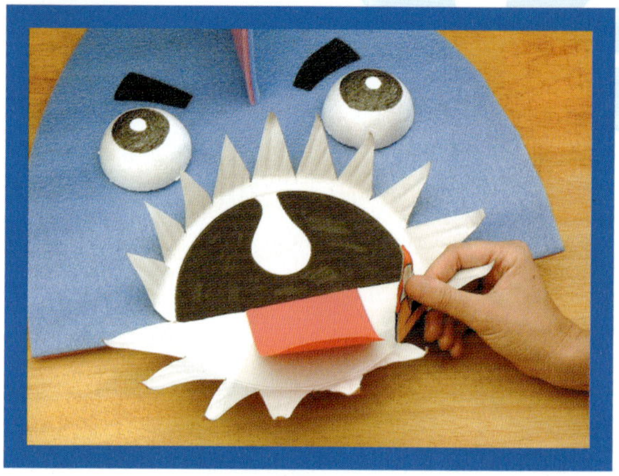

5 Male einen aufgerissenen Rachen auf die obere Hälfte, klebe eine Zunge aus rotem Tonpapier ins Maul, und klebe alles wie hier zu sehen auf den Hai.

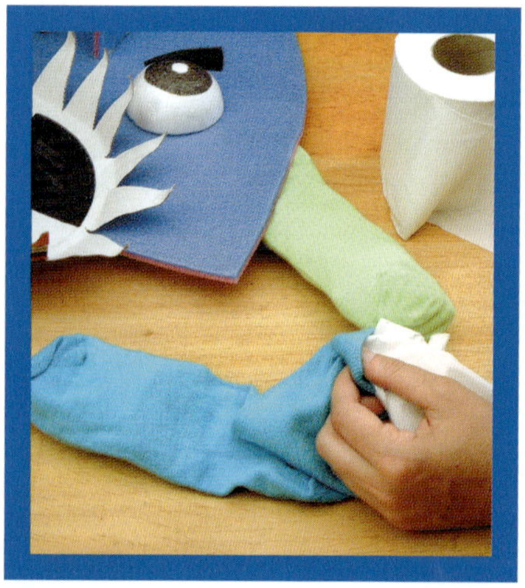

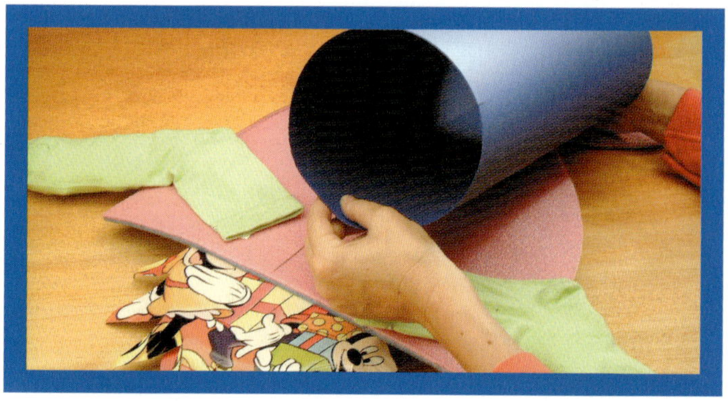

7 Schneide aus dem Kartonpapier ein Rechteck aus, das so hoch ist wie der Hai und um deinen Kopf passt. Rolle es zusammen, fixiere die Enden mit Klebestreifen, und klebe es hinten auf den Hai – fertig ist dein Party-Schmuck!

6 Jetzt stopfst du die Socken mit Toilettenpapier aus und klebst sie seitlich als Flossen fest.

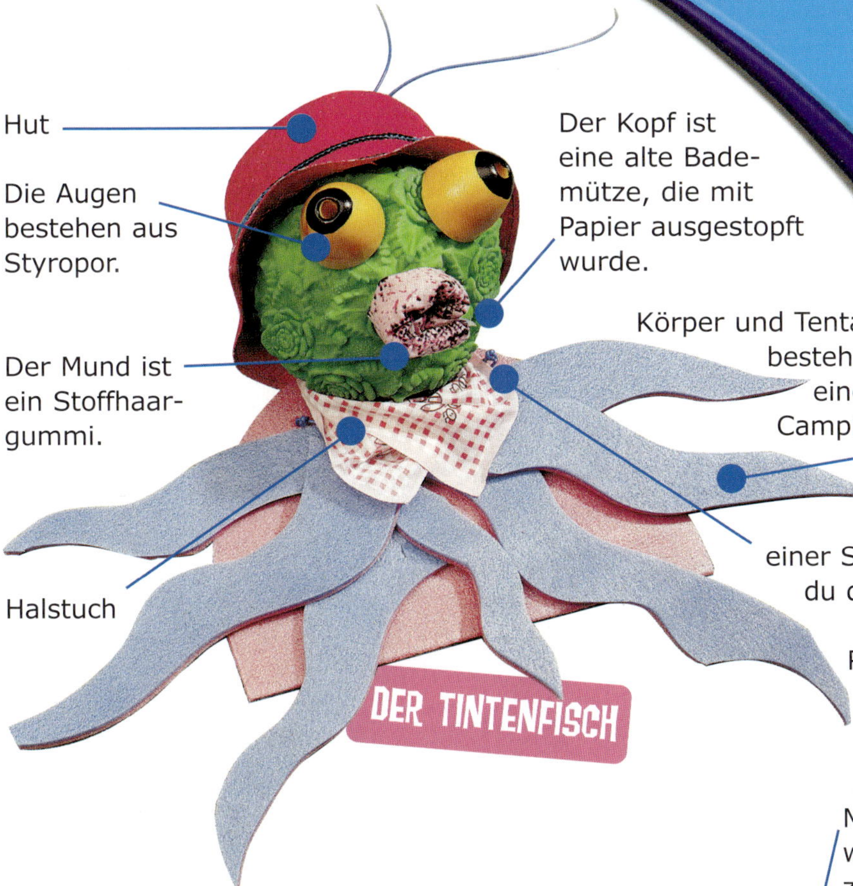
Hut
Die Augen bestehen aus Styropor.
Der Mund ist ein Stoffhaargummi.
Halstuch
Der Kopf ist eine alte Bademütze, die mit Papier ausgestopft wurde.
Körper und Tentakeln bestehen aus einem Rest Campingmatte.
Mithilfe einer Schnur kannst du dir den Tintenfisch auf den Rücken hängen.
DER TINTENFISCH

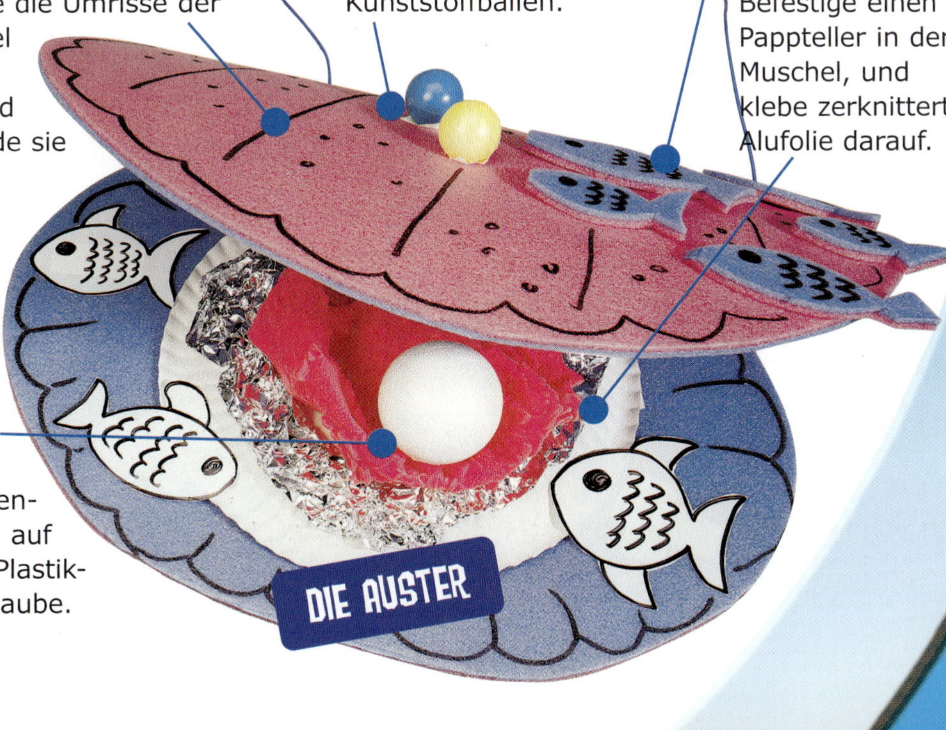
Klappe ein großes Stück Campingmatte zusammen, zeichne die Umrisse der Muschel darauf ein, und schneide sie aus.
Die Luftblasen bestehen aus kleinen Kunststoffbällen.
Matten-Überreste werden zu Fischen zurechtgeschnitten.
Befestige einen Pappteller in der Muschel, und klebe zerknitterte Alufolie darauf.
Die Perle ist ein Tischtennisball auf einer Plastik-Badehaube.
DIE AUSTER

# Piraten-PARTY

Klar zum Entern – die Piratenparty steht an!

## WAS DU BRAUCHST

- WEISSE PAPIERBÖGEN (50 X 70 CM)
- BUNTES TONPAPIER
- PLASTIKTELLER UND -BECHER
- STROHHALME
- BUNTES KLEBEBAND
- DÜNNE HOLZSPIESSE (GRILLSPIESSE)
- EINE SICHERHEITSNADEL
- GROSSE WISCHTÜCHER
- SCHWAMMTÜCHER
- BUNTE FILZSTIFTE ODER TEMPERAFARBEN
- SCHERE UND KLEBSTOFF
- SCHNUR

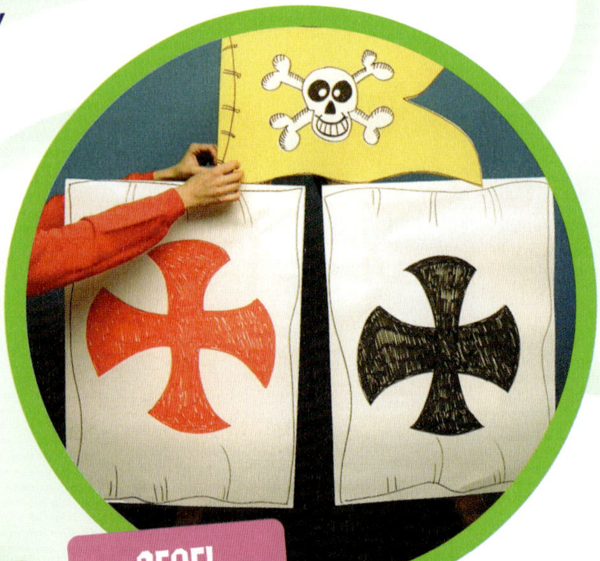

## SEGEL

1 Zeichne die Umrisse der Segel auf die weißen Papierbögen. Male in die Mitte ein Piratenkreuz ... oder was immer dir einfällt. Natürlich brauchst du auch eine Flagge mit einem Totenkopf! Klebe Flagge und Segel mit buntem Klebeband an die Wände und die Eingangstür.

## TISCHDECKEN-GALEONE

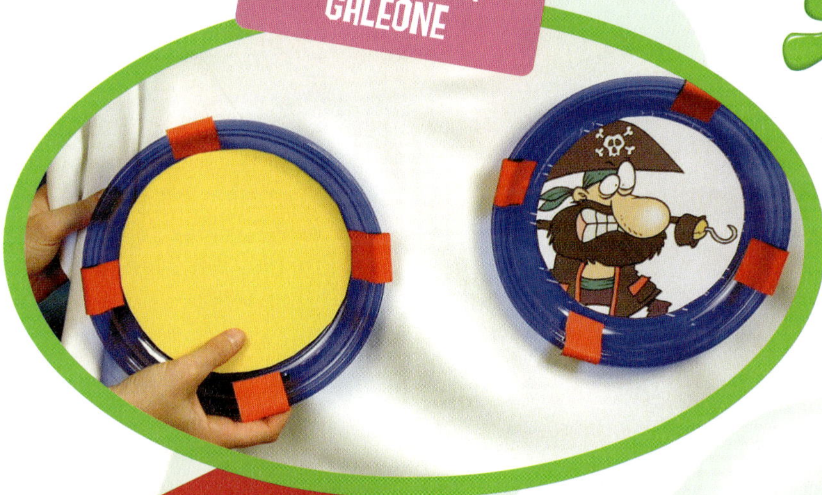

2 Die Tischdecke schmückst du mit Bullaugen: Sie bestehen aus Plastiktellern, in die du einen Kreis aus gelbem Tonpapier oder eine Piratenzeichnung geklebt hast. Befestige sie mit dem Klebeband an der Tischdecke. Den Abschluss bildet ein Wellensaum aus blauem Kartonpapier, den du unten an die Tischdecke klebst.

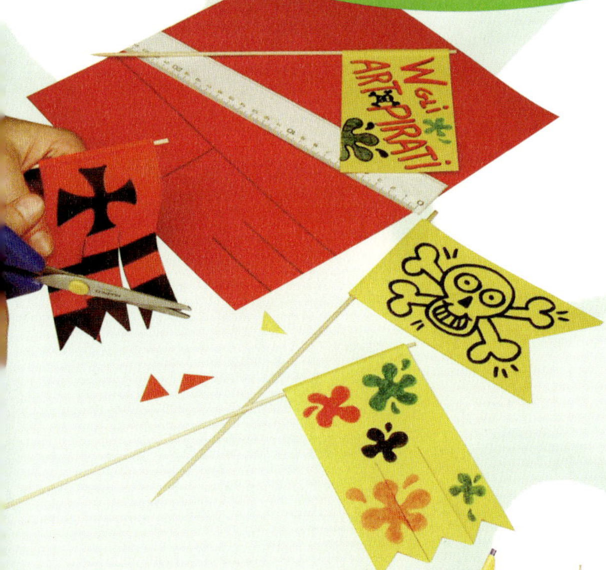

## PIRATENFLAGGEN

3 Zeichne die Flaggen auf buntes Tonpapier, schneide sie aus, und klebe sie auf die Holzspieße. Einige kannst du wie hier oben links abgebildet mit Zacken versehen.

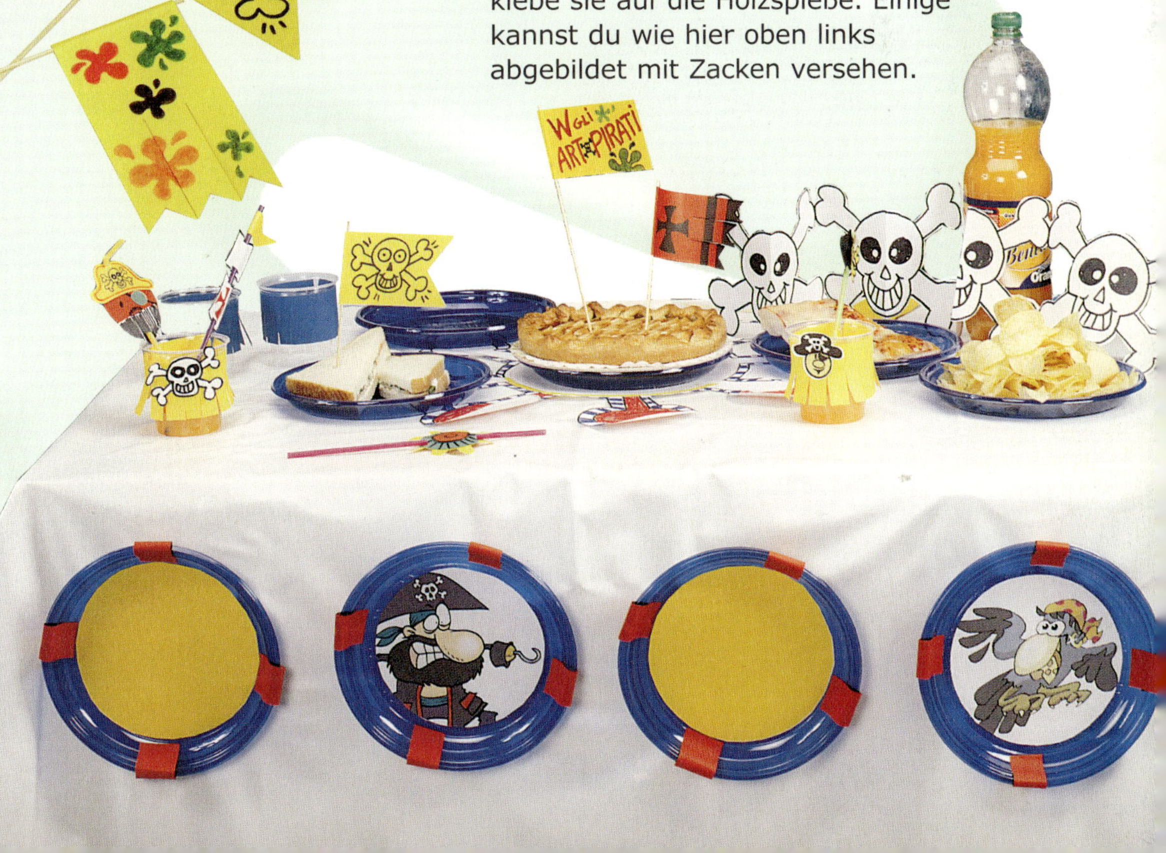

## AUGENKLAPPE

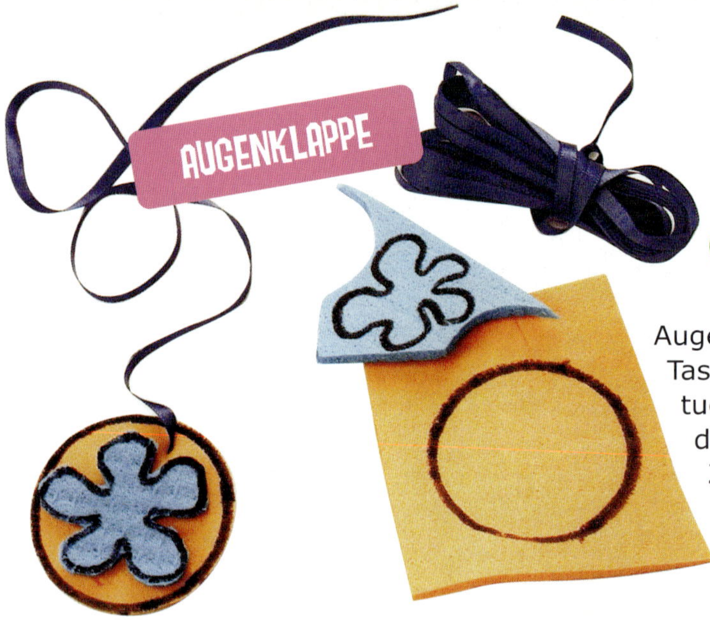

**4** Für den echten Piratenlook brauchst du natürlich auch eine Augenklappe. Zeichne mithilfe einer Tasse einen Kreis auf ein Schwammtuch, und stich zwei Löcher hinein, durch die du eine Schnur ziehst. Zum Schluss dekorierst du die Klappe noch mit einem Motiv aus buntem Schwammtuch.

## PIRATEN-GLÄSER

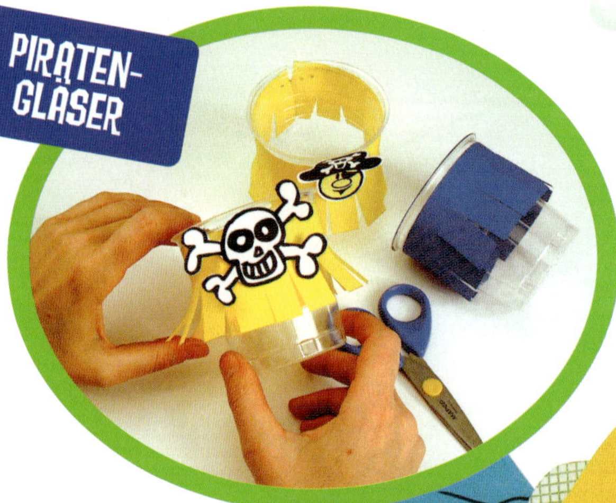

**5** Schmücke deine Party-Gläser mit einem Fransenring aus buntem Tonpapier und einem eigenen wilden Piratenbild (dann weiß auch jeder Gast, welches Glas ihm gehört!).

## PIRATENHUT

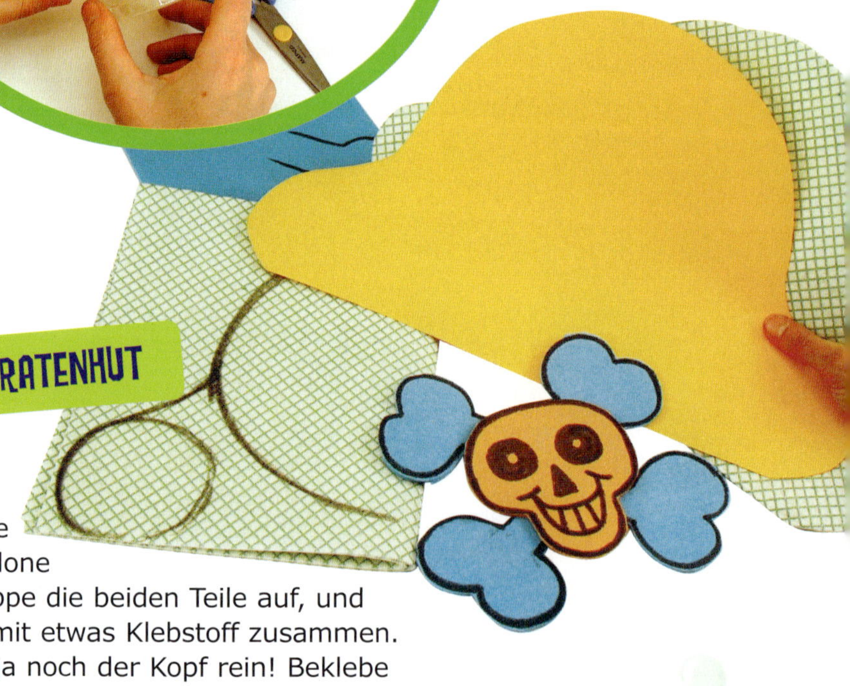

**6** Lege das Wischtuch einmal quer und einmal längs zusammen. Zeichne dann eine Hälfte der Hutschablone ein, und schneide sie aus. Klappe die beiden Teile auf, und klebe sie am äußersten Rand mit etwas Klebstoff zusammen. Lass unten offen – dort muss ja noch der Kopf rein! Beklebe deinen Hut mit buntem Tonpapier, und schmücke ihn mit einem witzigen Totenkopf aus bunten Schwammtuchresten.

Kopiere die Vorlage rechts, und klebe sie auf ein Stück Plastik. Mit einer Sicherheitsnadel auf der Rückseite wird sie zu einem tollen Anstecker.

## PIRATEN-STROHHALME

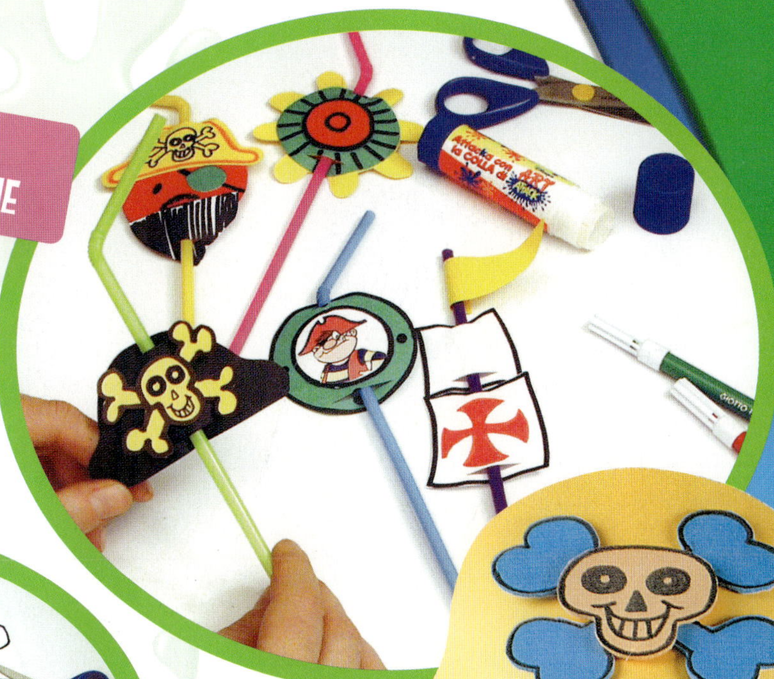

7 Mach dir aus Tonpapier eine Reihe bunter Piraten-Aufkleber, male sie an, schneide oben und unten zwei Schlitze hinein, und schiebe sie auf die Strohhalme.

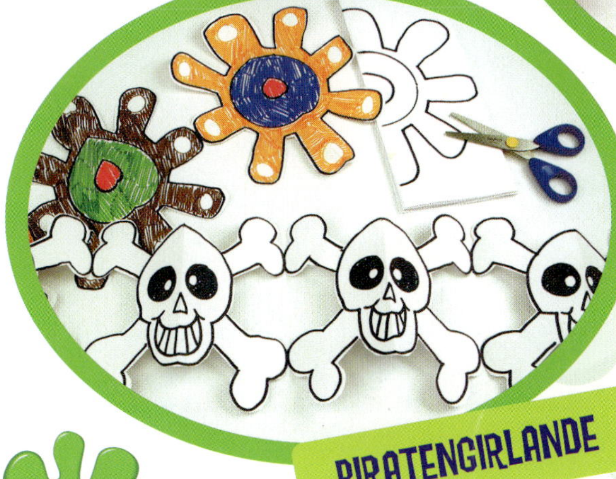

## PIRATENGIRLANDE

8 Falte das Papier ziehharmonikaförmig zusammen. Zeichne ein halbes Ruder oder einen halben Totenkopf darauf. Ausschneiden und öffnen. Bemale die Girlande mit Buntstiften oder Temperafarben, und hänge sie auf.

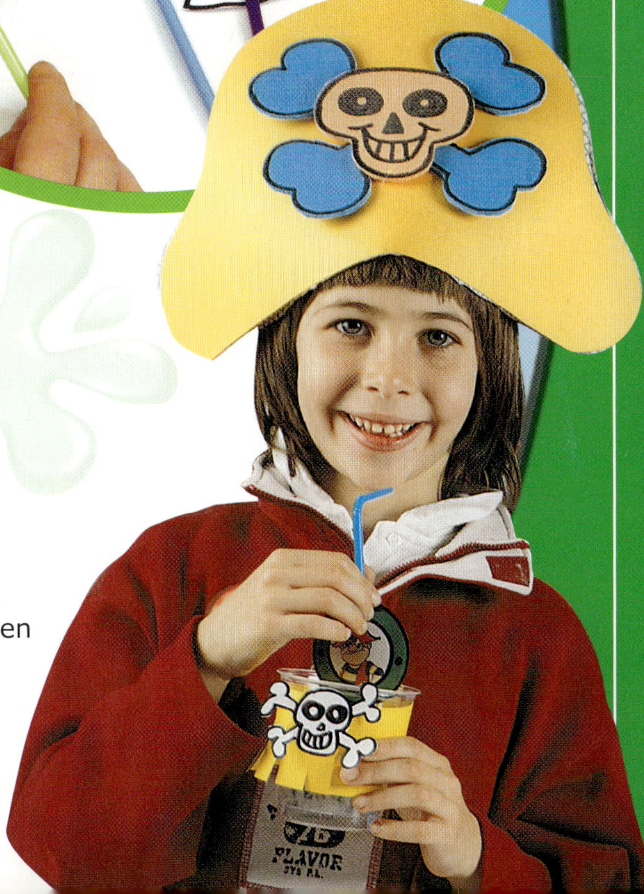

# Halloween-

Bau dir dein eigenes Geisterschloss für eine gruselige Gespenster-Party!

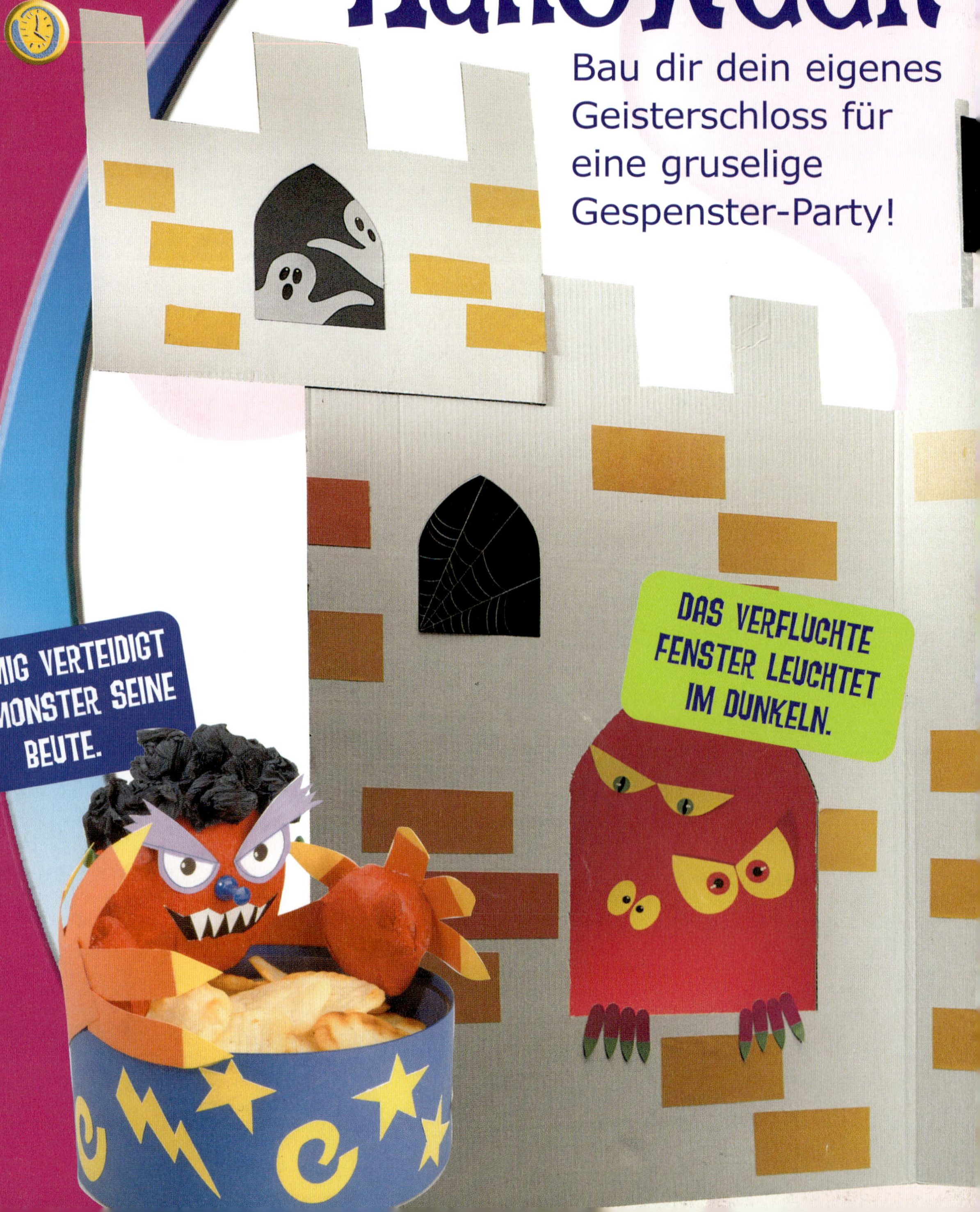

GRIMMIG VERTEIDIGT DAS MONSTER SEINE BEUTE.

DAS VERFLUCHTE FENSTER LEUCHTET IM DUNKELN.

# FEST

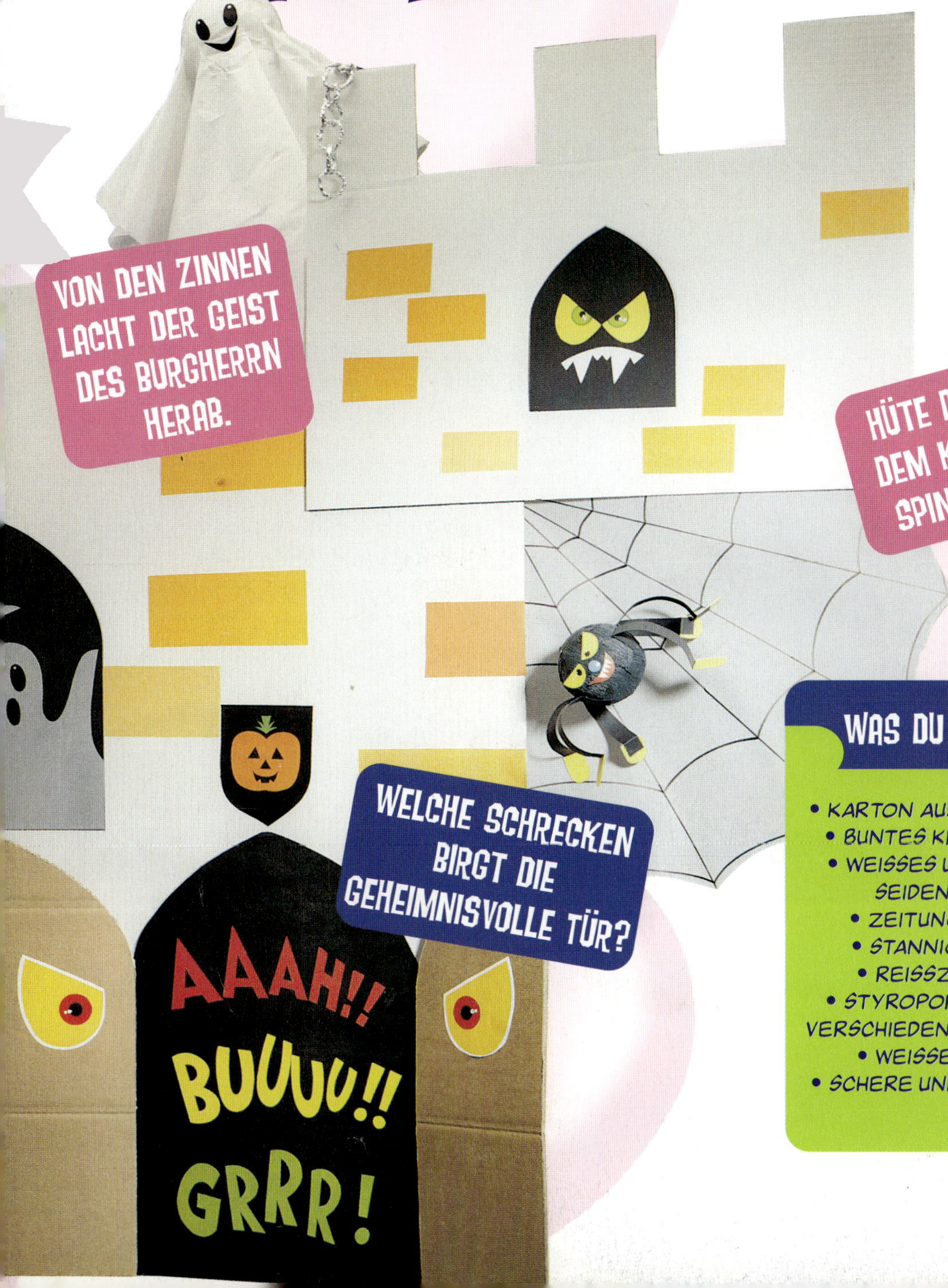


VON DEN ZINNEN LACHT DER GEIST DES BURGHERRN HERAB.

HÜTE DICH VOR DEM KLEBRIGEN SPINNENNETZ!

WELCHE SCHRECKEN BIRGT DIE GEHEIMNISVOLLE TÜR?

## WAS DU BRAUCHST

- KARTON AUS WELLPAPPE
- BUNTES KREPPPAPIER
- WEISSES UND BUNTES SEIDENPAPIER
- ZEITUNGSPAPIER
- STANNIOLPAPIER
- REISSZWECKEN
- STYROPORKUGELN IN VERSCHIEDENEN GRÖSSEN
- WEISSEN FADEN
- SCHERE UND KLEBSTOFF

## GEISTERSCHLOSS

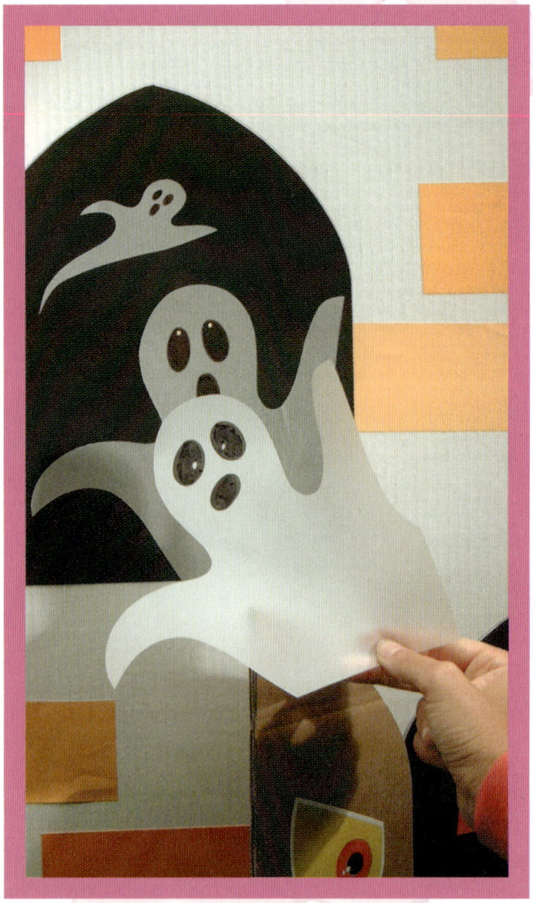

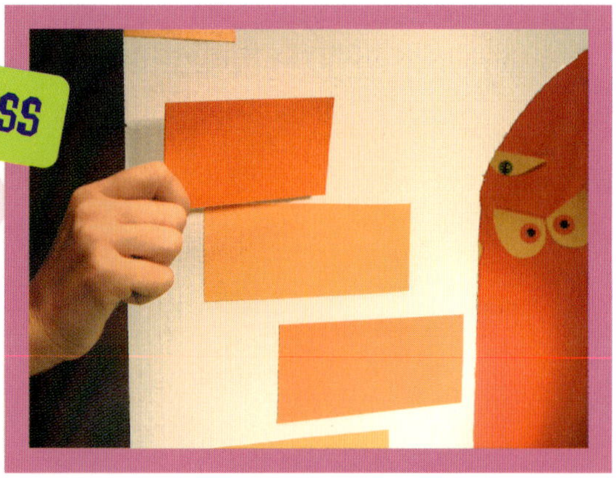

1 Aus zwei großen Stücken Pappkarton baust du die Schlossmauern. Die beiden Türmchen mit den Zinnen schneidest du aus zwei weiteren Stücken aus. Zum Schluss klebst du noch Ziegel aus orangem und rotem Tonpapier auf die Mauer.

2 Die Fenster sind aus aufgeklebtem schwarzen Tonpapier. Den richtigen Geistereffekt erzielst du, indem du aus dem Seidenpapier Gespenster ausschneidest und aufklebst. Zusätzlich kannst du gespenstische gelbe Augen verwenden.

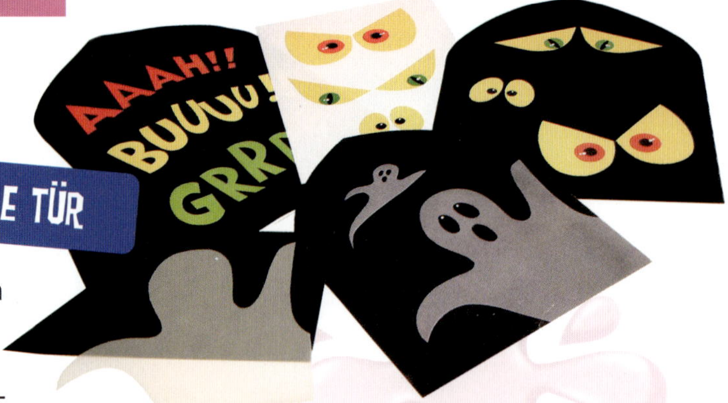


## GEHEIMNISVOLLE TÜR

3 Die Türflügel entstehen aus den Deckelklappen des Kartons, die du mit Klebeband am „Rahmen“ befestigst. In der Mitte leuchten zwei Furcht erregende gelbe Papieraugen auf. Und aus der Tür gellen Schreckensschreie aus buntem Tonpapier.

## FLEDERMAUS

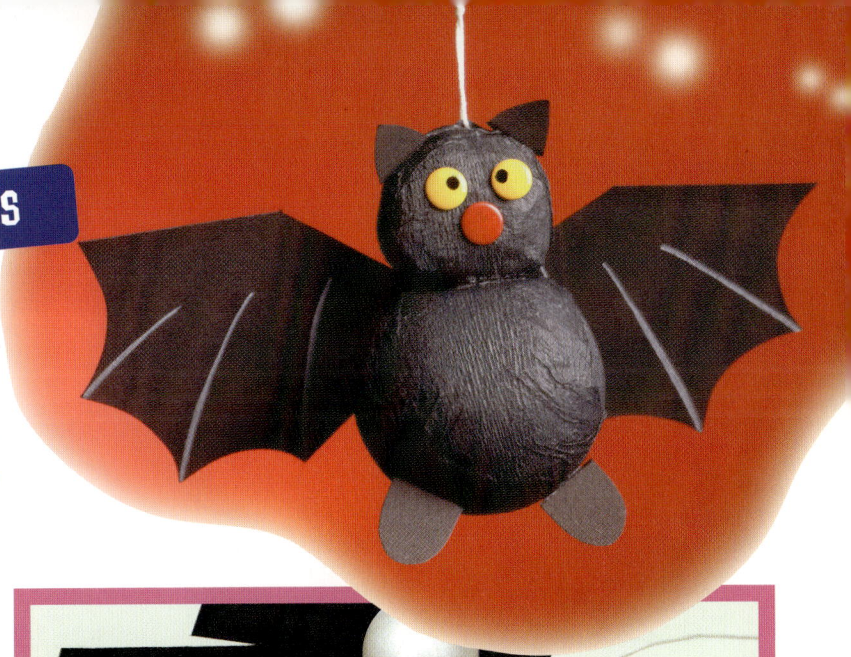

4 Knautsche Zeitungspapier zu einem Kopf zusammen, und beklebe es mit schwarzen Krepppapierstreifen. Zwei Dreiecke aus schwarzem Kartonpapier bilden die Ohren. Nase und Augen sind aus Reißzwecken. Vergiss die Schnur zum Aufhängen nicht. Nimm eine Styroporkugel als Körper, und beklebe sie ebenfalls mit schwarzen Krepppapierstreifen. Klebe den Kopf auf den Körper. Die Flügel aus schwarzem Kartonpapier werden auf dem Rücken befestigt. Zum Schluss klebst du noch die Füße an.

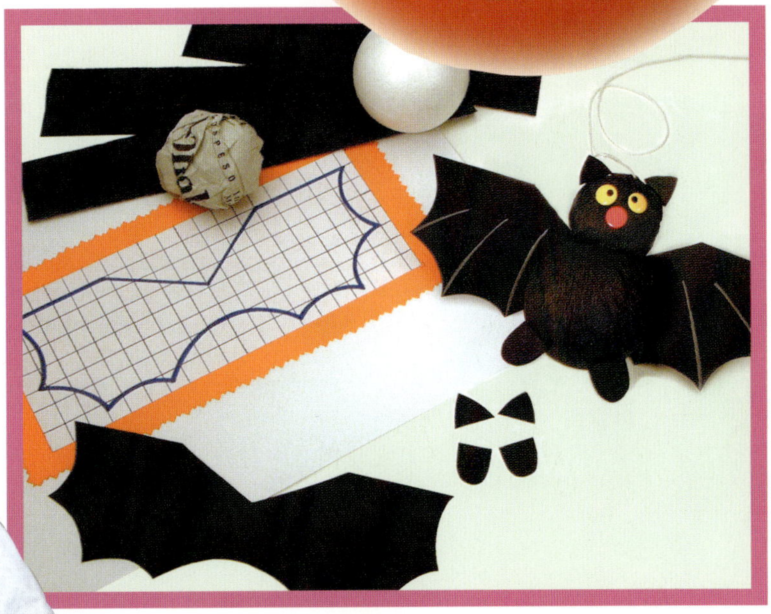

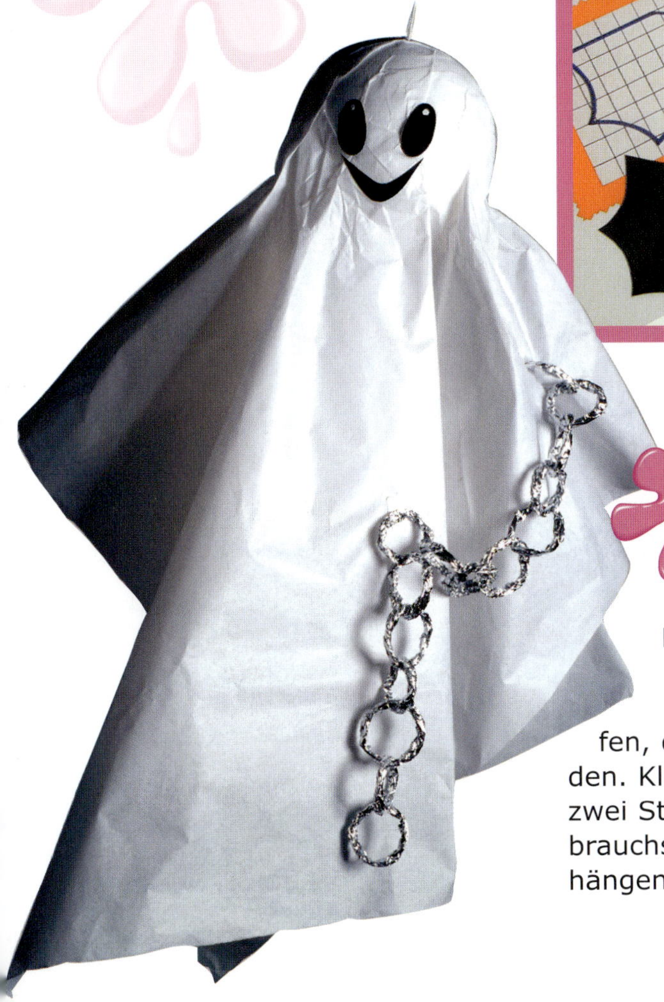

## LACHENDES GESPENST

5 Nimm einen Bogen Seidenpapier als Leintuch, und klebe in der Mitte eine Styroporkugel fest. Dreh das Papier um, und zeichne mit schwarzer Farbe ein Gesicht ein. Die Kette besteht aus Stanniolpapierstreifen, die zu Ringen zusammengedreht werden. Klebe die Kette wie links zu sehen an zwei Stellen auf deinem Gespenst fest. Jetzt brauchst du nur noch eine Schnur zum Aufhängen am Kopf zu befestigen.

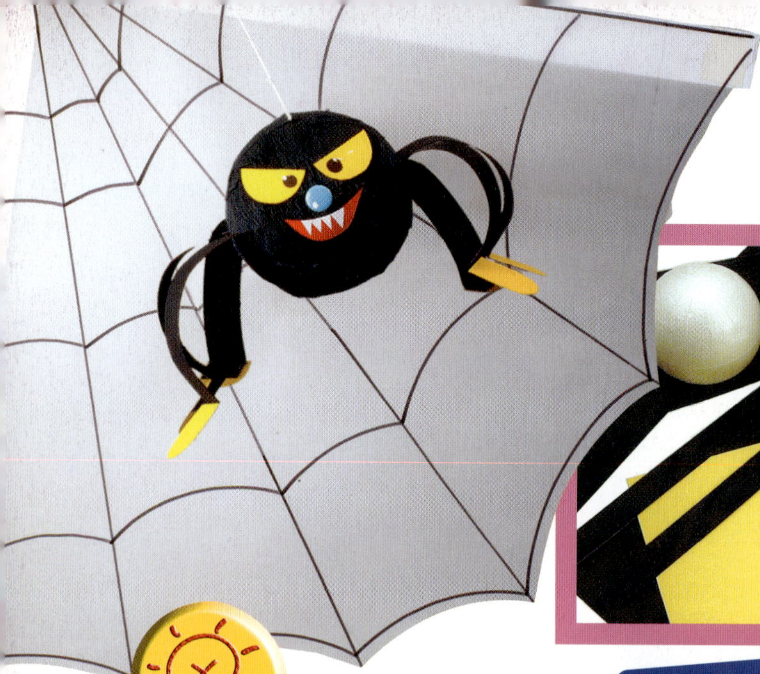

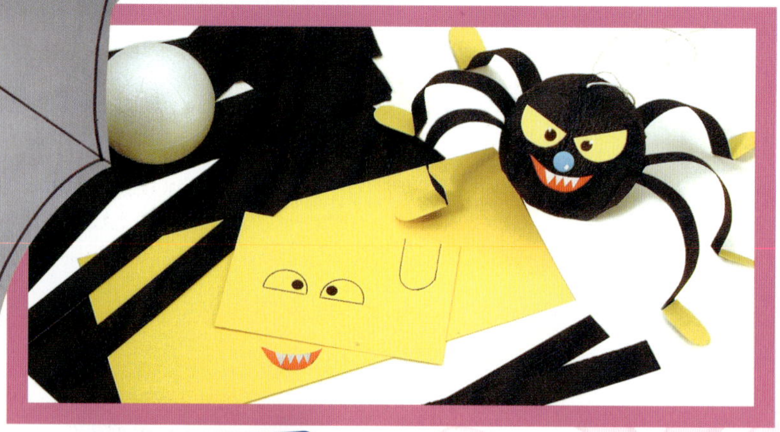

Dieses Spinnennetz besteht aus Pauspapier: Die Fäden werden mit schwarzem Marker eingezeichnet und die Enden mit Aufhängern aus Tonpapier verstärkt.

## GRUSELIGE SPINNE

6

Beklebe einen Styroporball mit schwarzem Krepppapier. Schneide aus dem schwarzen Kartonpapier sechs Beine aus, befestige sie am Rumpf, und klebe Füße aus gelbem Tonpapier an die Enden. Male Augen und Mund, schneide sie aus, und klebe sie auf. Eine Reißzwecke wird zur Nase.

## VERFLUCHTES FENSTER

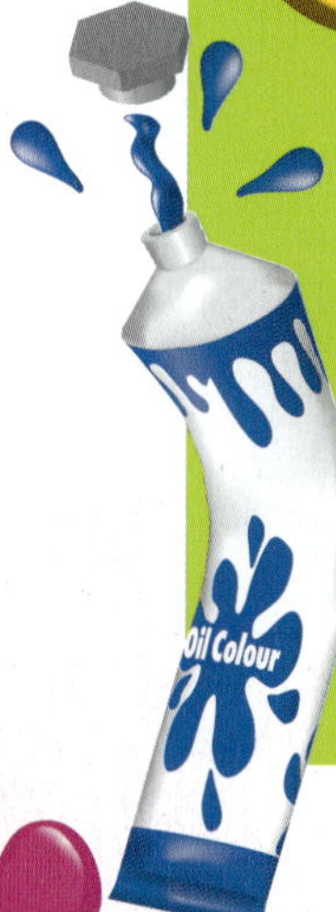


Schneide ein Fenster aus dem Karton heraus, und lehne es in etwa 10 cm Abstand an. In den Zwischenraum zwischen Fenster und Schlossmauer legst du eine Taschenlampe Boden, die das Fenster gespenstisch ausleuchtet.

## SCHACHTEL-MONSTER

7

Überziehe eine Schachtel mit buntem Kartonpapier, und dekoriere sie mit Sternen. Das Monster bastelst du aus einer Kugel Zeitungspapier, die du mit Krepppapier beklebst. Male Augen und Mund auf Kartonpapier, schneide sie aus, und klebe sie auf. Nase und Ohren sind aus Reißzwecken, die Haare aus geknittertem Krepppapier. Befestige hinten am Kopf einen Streifen aus Kartonpapier, und klebe ihn an der Schachtel fest. Knülle Papier zu einer Kugel zusammen, und überziehe sie mit rotem Papier. Schneide aus dem Kartonpapier Arme und Krallen aus, und klebe sie an der Kugel fest. Befestige dann beide Arme wie hier abgebildet am Schachtelrand.

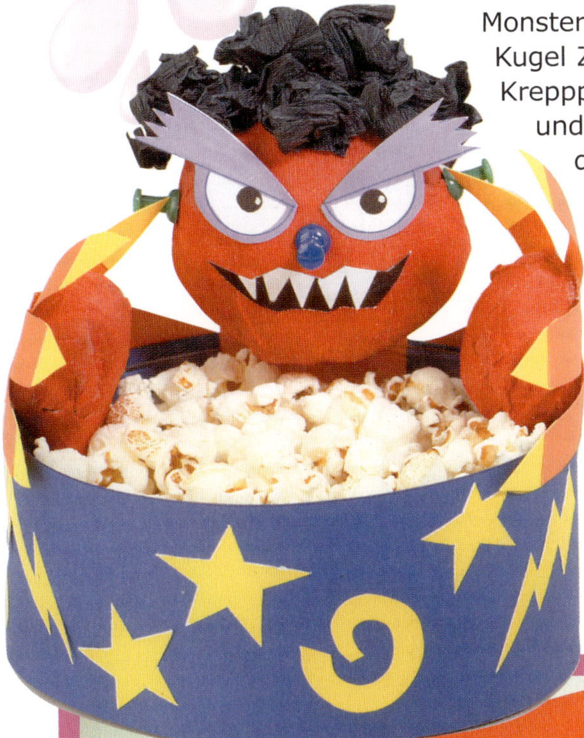

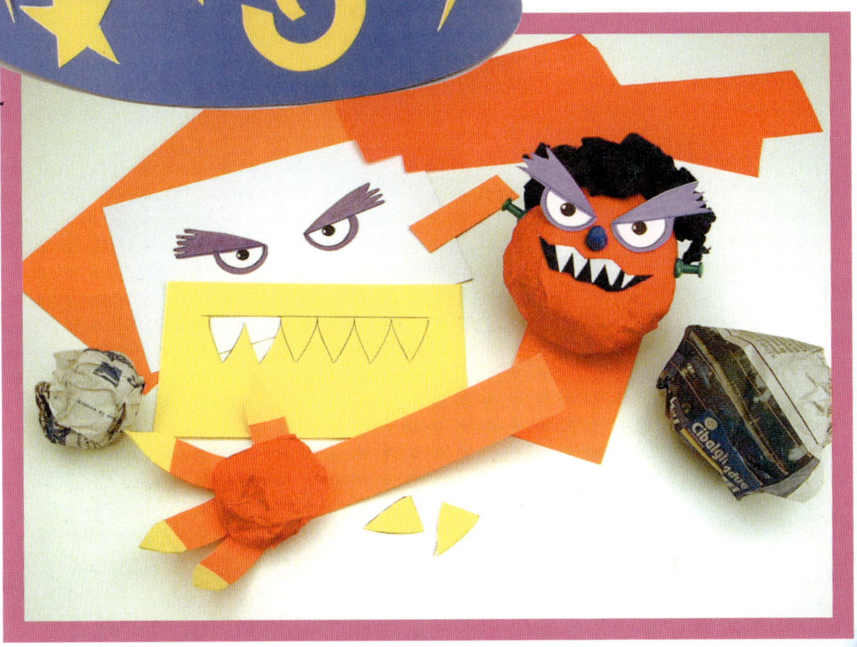

# Hilfe, ein UNGEHEUER

An Halloween tauchen die finstersten Monster plötzlich wie aus dem Nichts auf.

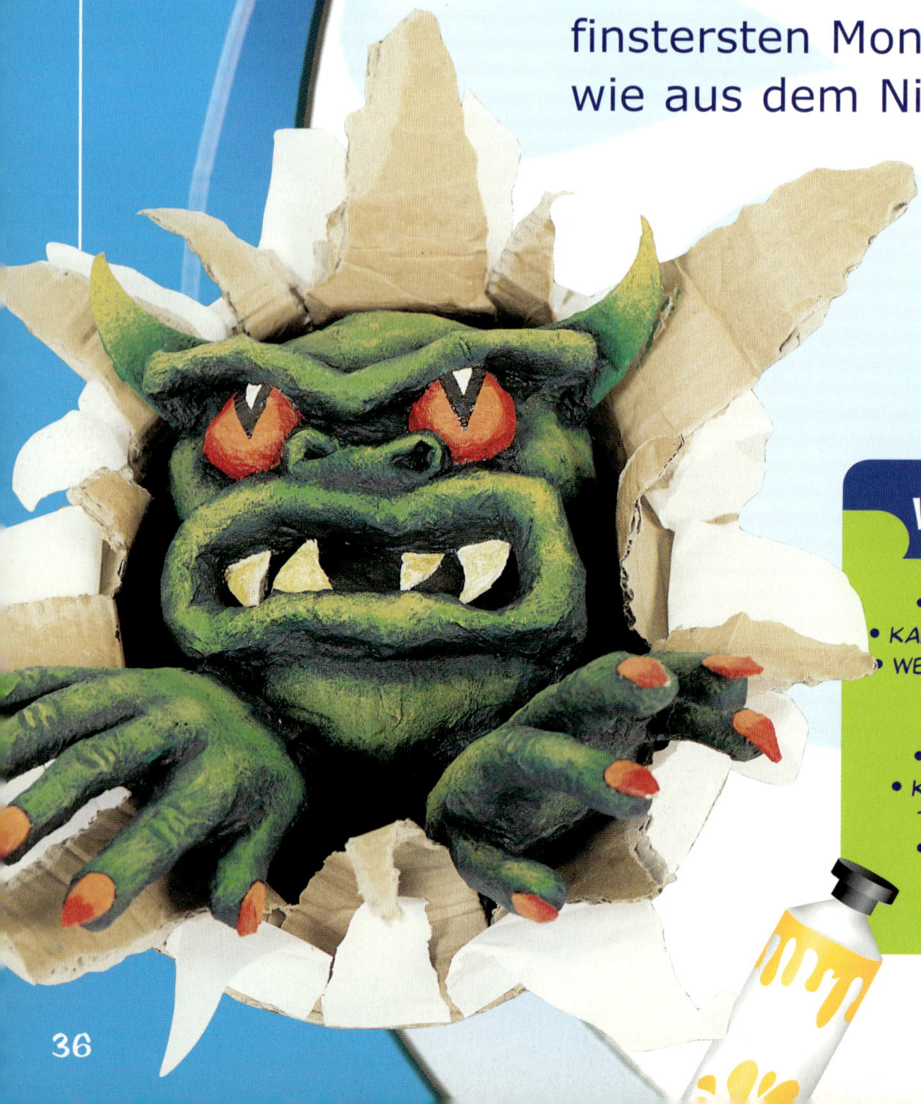

## WAS DU BRAUCHST

- EINEN BLEISTIFT
- KARTON AUS WELLPAPPE
- WEISSES KARTONPAPIER
- SCHERE
- VINYLKLEBER
- ZEITUNGSPAPIER
- KÜCHENROLLE ODER TOILETTENPAPIER
- TEMPERA- ODER ACRYLFARBEN
- SCHNUR

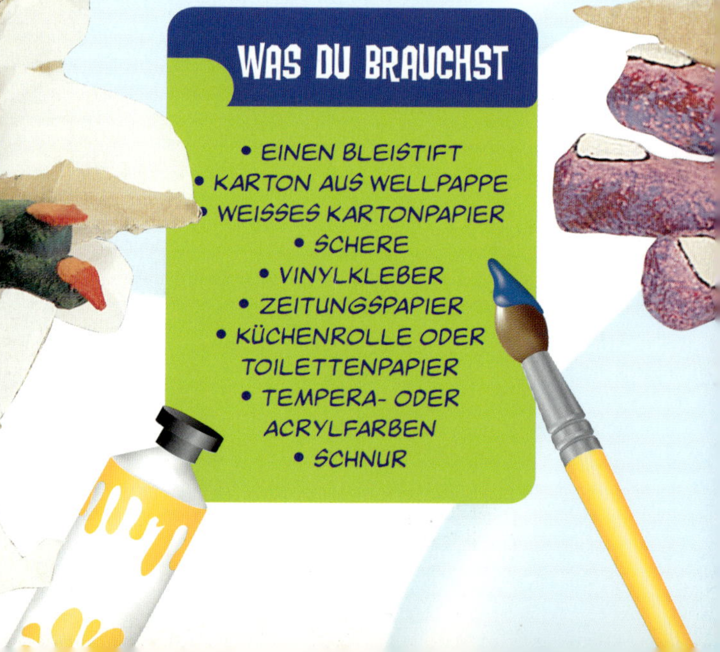

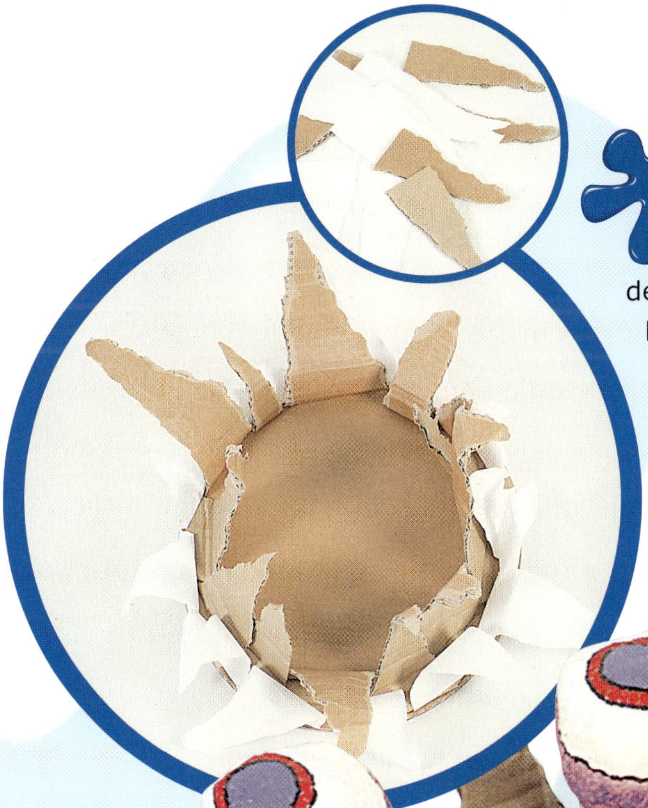

1

Zeichne auf den Karton einen Kreis, und schneide ihn aus. Reiße dann den Karton und weißes Kartonpapier in Stücke, und klebe die Zacken außen auf den Kreis auf – innen die Pappstücke, außen das weiße Papier.

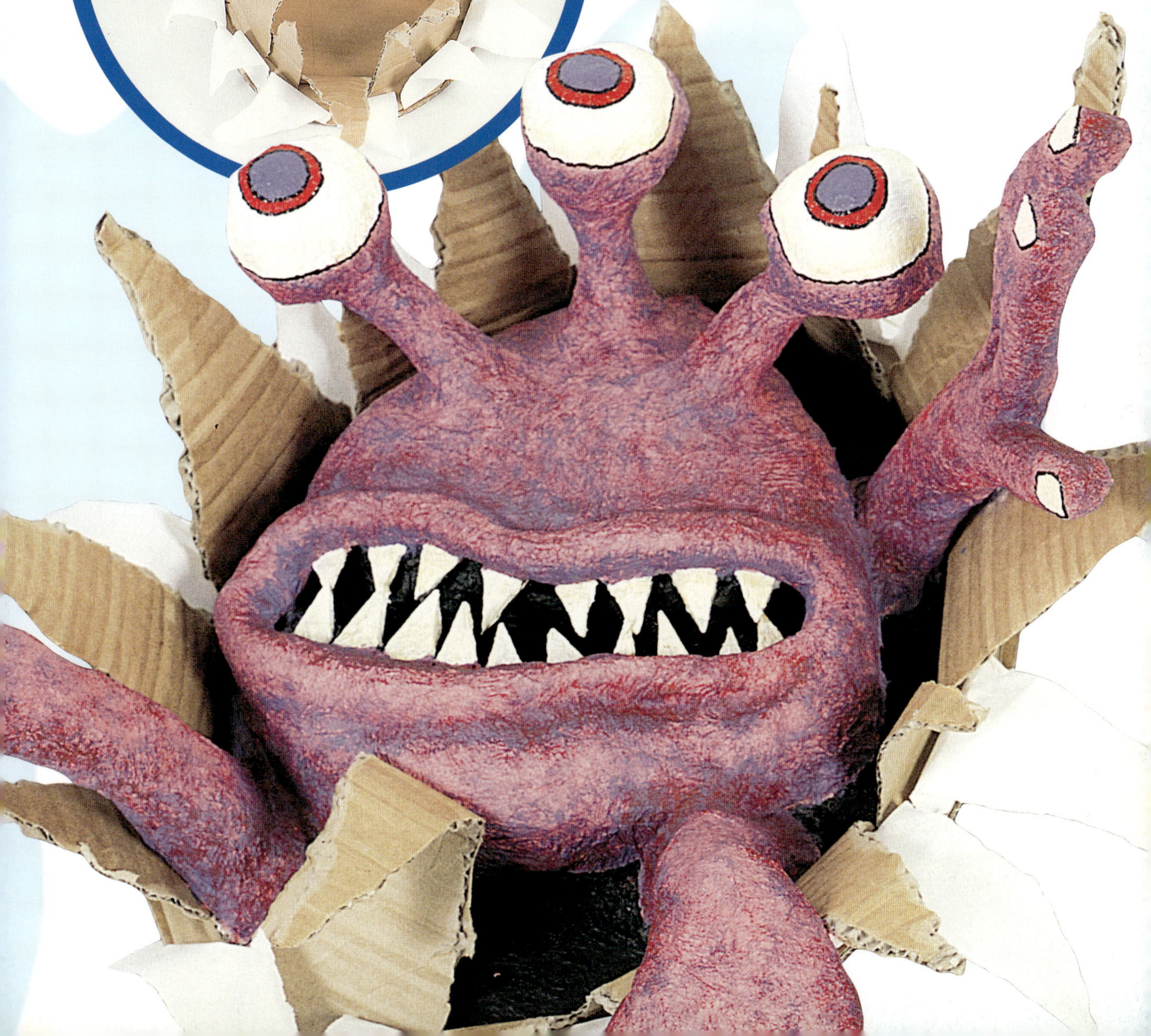

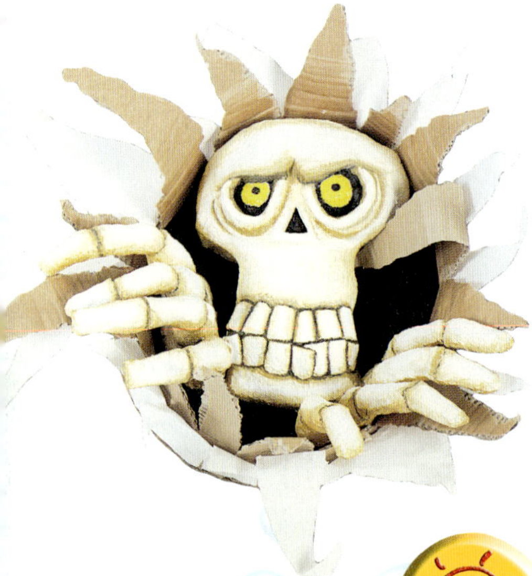

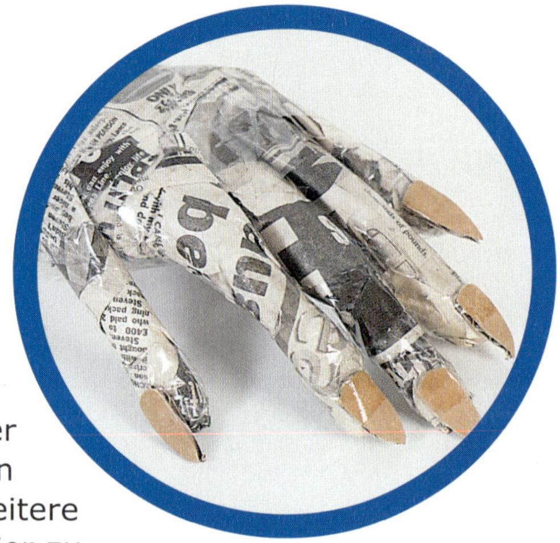

2 Jetzt die Hände: Drücke ein Stück Zeitungspapier zu einem Handballen zusammen. Rolle weitere Stücke Zeitungspapier zu Fingern, klebe sie am Handballen fest, und klebe ein paar Furcht erregende Karton-Fingernägel auf.

Wenn du die Karton- und Papierfetzen ein wenig knitterst, sieht das so aus, als ob das Ungeheuer sie zerrissen hätte!

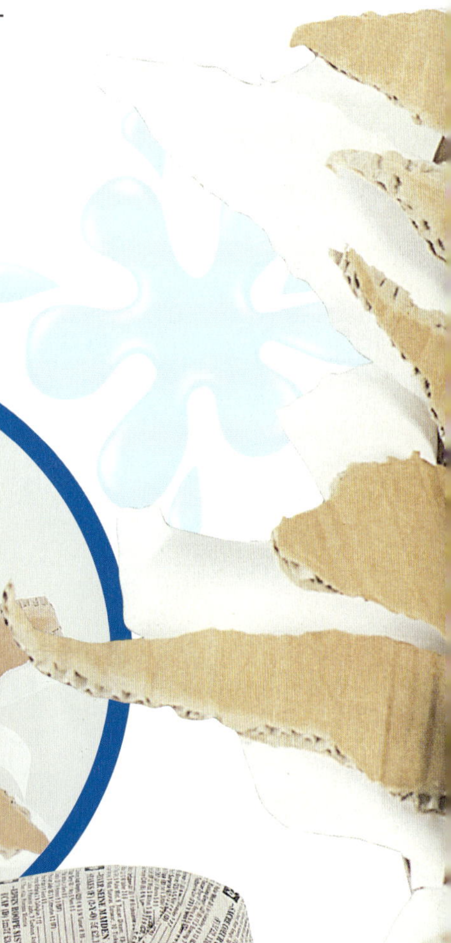

3 Forme den Kopf deines Ungeheuers aus Zeitungspapier, und klebe es auf die Kartonscheibe. Aus weiteren zusammengeknüllten Papierstücken modellierst du Augen, Augenbrauen und die eingedrückte Nase. Für die Zähne verwendest du kleine Dreiecke aus Karton. Du kannst dem Ungeheuer auch Hörner basteln. Zum Schluss klebst du die Hände unter dem Gesicht fest.

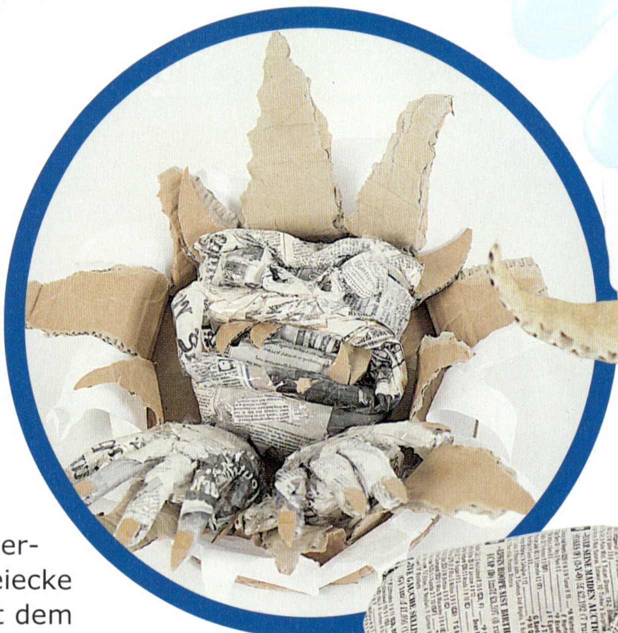

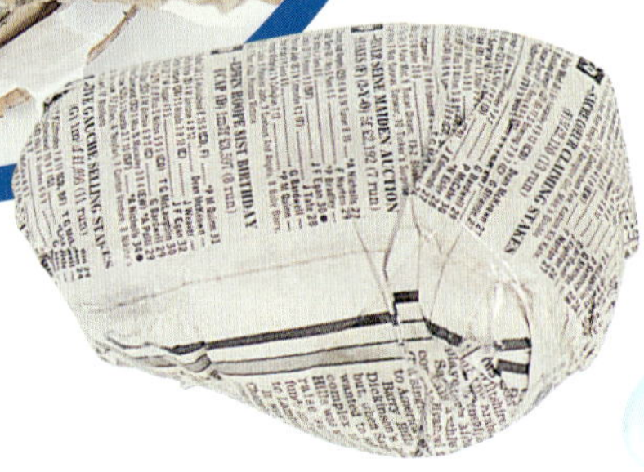

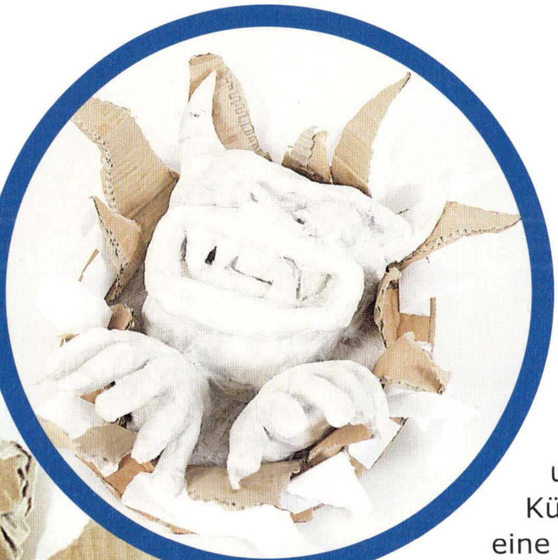

**4** Mische Vinylkleber und Wasser zu gleichen Teilen, und bestreiche das Ungeheuer damit. Überziehe Kopf und Hände mit zwei Lagen Küchenpapier, und gib dann noch eine Schicht Leim darüber. Danach gut trocknen lassen.

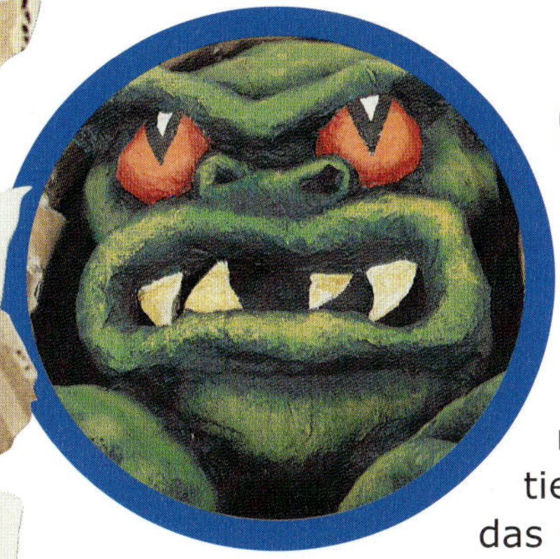

**5** Male die Innenseite des Kartons schwarz an, damit sie wie ein dunkles Loch aussieht. Dem Monster dagegen stehen Grüntöne mit braunen und schwarzen Schattierungen am besten. Hänge das Ungeheuer in deinem Zimmer auf, und es erschreckt garantiert jeden!

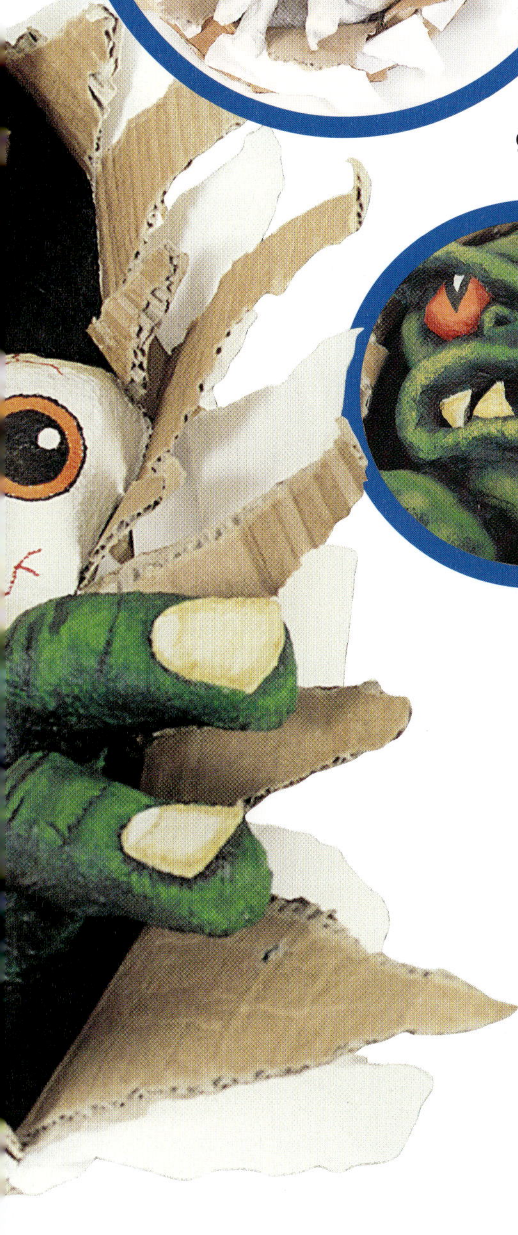

MIT DERSELBEN TECHNIK KANNST DU AUCH AUSSERIRDISCHE, SKELETTE ODER EIN AUGENMONSTER WIE AUF S. 37 BASTELN. FÜR EINE HORRORPARTY SOLLTEST DU DEIN SCHRECKLICHSTES UNGEHEUER ZUR BEGRÜSSUNG GLEICH IM EINGANG AUFHÄNGEN!

# Ein THRON ...

BITTE EINEN ERWACHSENEN, DIR BEIM AUSSCHNEIDEN ZU HELFEN.

... in deinem Zimmer, und schon bist du ein König, dem alle seine Freunde gehorchen und huldigen müssen!

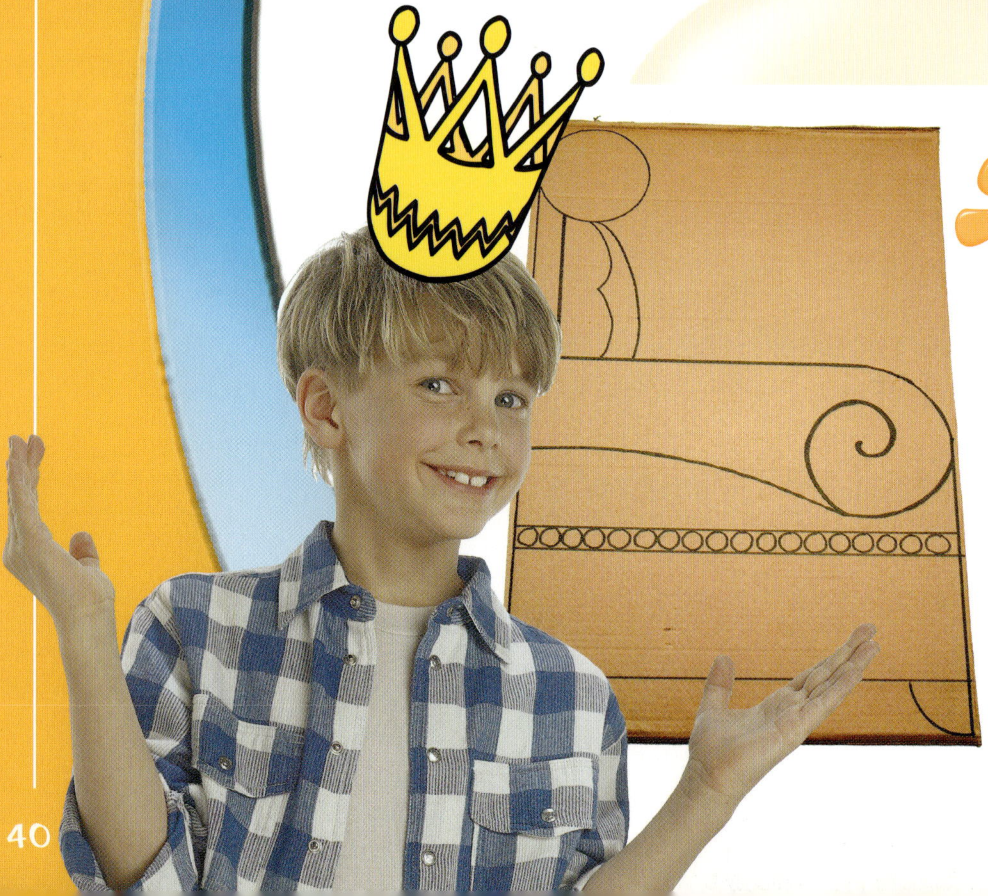

1 Suche dir einen Stuhl aus, den du in einen Thron verwandeln möchtest. Schneide ein Rechteck aus Karton aus, das höher als die Rückenlehne ist und die ganze Seite verdeckt. Zeichne nun zuerst die Konturen des Throns mit Bleistift vor, und fahre sie dann mit schwarzem Marker nach.

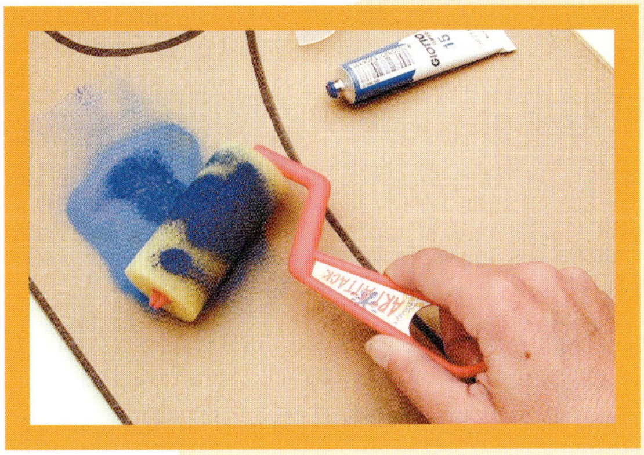

## WAS DU BRAUCHST

- DREI GROSSE STÜCKE KARTON
- KREPPPAPIER
- STANNIOLPAPIER
- WÄSCHEKLAMMERN
- SPITZENBORDÜRE
- FARBIGES KLEBEBAND
- EINE KARTONRÖHRE
- FARBIGES TON- ODER KARTONPAPIER
- EINE SCHNUR
- EIN SCHWAMMTUCH
- ZWEI TELLER UND SECHS SCHÜSSELN AUS PAPIER ODER PLASTIK
- BUNTE FILZSTIFTE
- TEMPERAFARBEN
- EINE KLEINE FARBROLLE
- SCHERE UND KLEBSTOFF
- BÜROHEFTER

2 Male den Karton mit der Farbrolle und den Temperafarben an. Nimm dazu leuchtende Farben, die du möglichst wenig verdünnst.

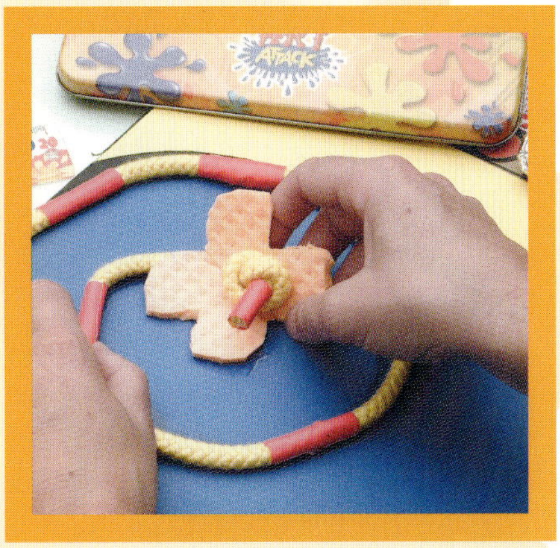

3 Die Bordüre vorne an der Armlehne besteht aus einem Stück bunter Schnur, das du zu einer Spirale formst und am Ende mit einem Blümchen aus Schwammtuch schmückst, bevor du es verknotest.

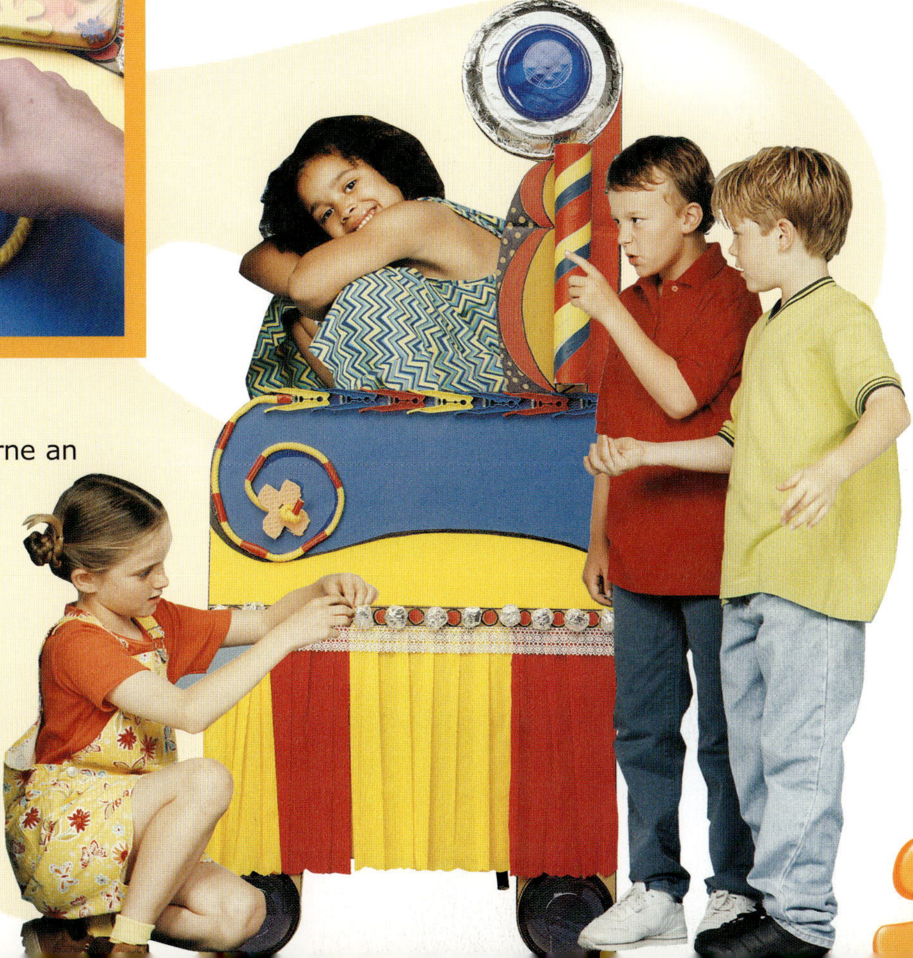

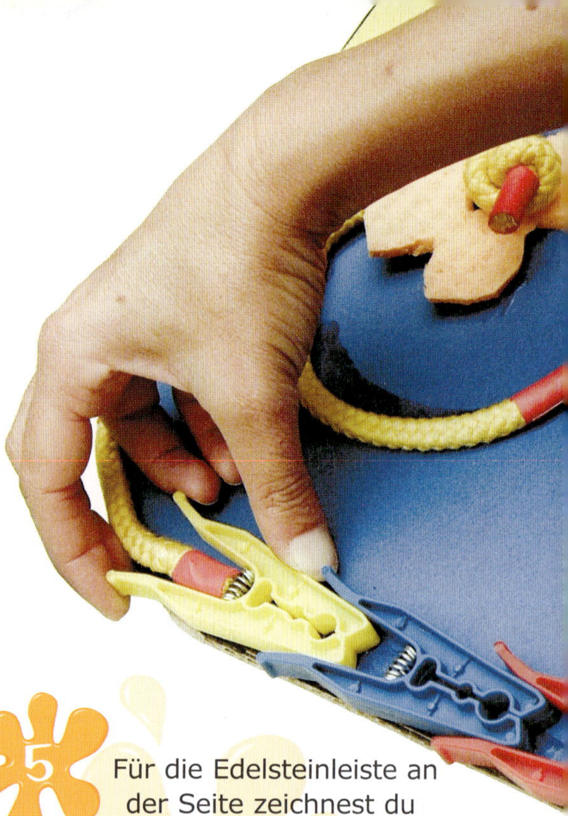

4 Verziere die Armlehne oben mit einer Reihe bunter Wäscheklammern.

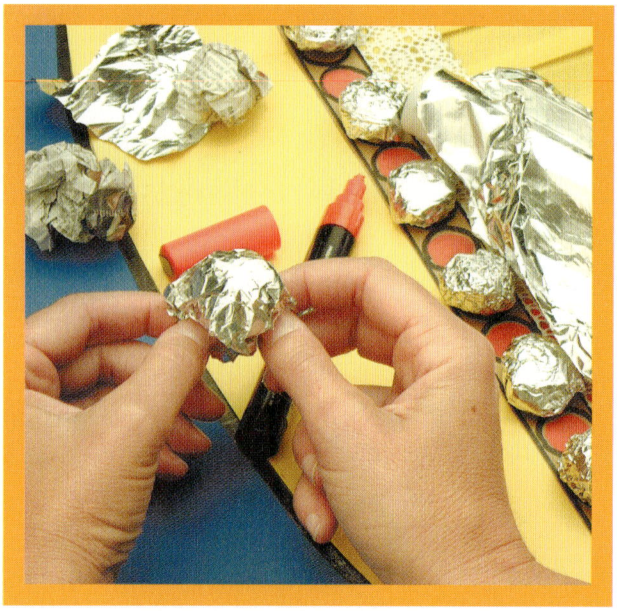

5 Für die Edelsteinleiste an der Seite zeichnest du eine Reihe Kreise, bei der du jeden zweiten rot anmalst. Forme eine Reihe kleiner Kugeln aus Zeitungspapier, überziehe sie mit Stanniolpapier, und klebe die „Diamanten" dann in die nicht bemalten Kreise.

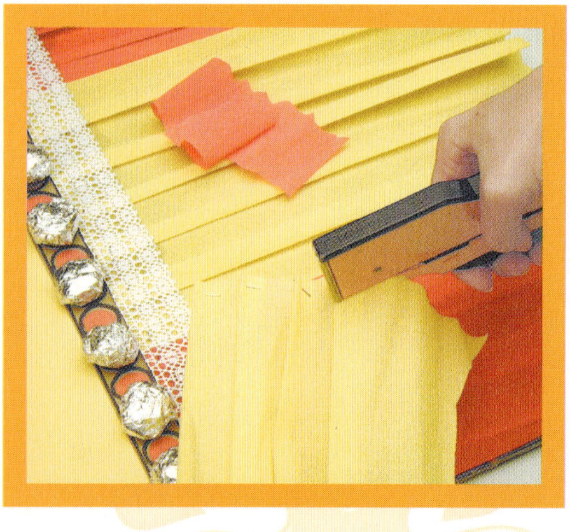

6 Falte zwei verschiedenfarbige Krepppapierbögen ziehharmonikaförmig zusammen. Fixiere die Falten mit Klebstoff oder mit dem Bürohefter. Klebe die Krepppapiergirlande dann unter die „Diamantenleiste". Damit man den Heftrand nicht sieht, klebst du noch eine Spitzenborte darüber.

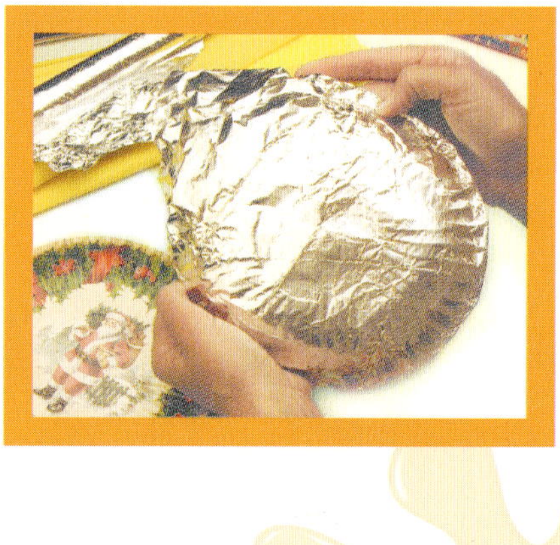

7 Überziehe einen Teller mit Stanniolpapier, und klebe ihn auf die Lehne. In die Mitte des Tellers kommt eine umgedrehte Plastikschüssel. Zwei weitere Schüsseln sitzen an den Füßen des Throns.

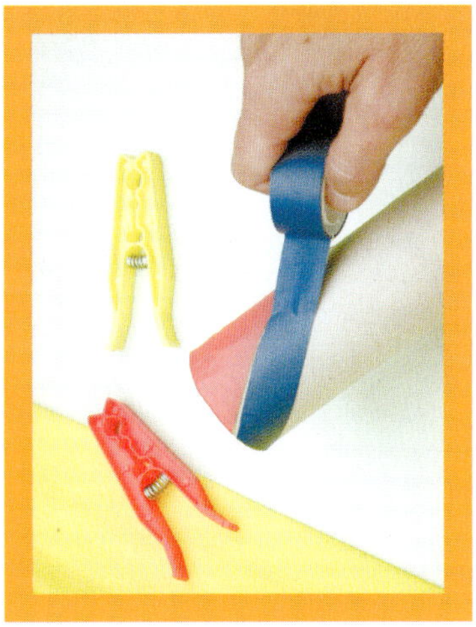

**8** Beklebe eine Kartonrolle (z. B. das Innere einer Küchenpapierrolle) mit verschiedenfarbigen Streifen Klebeband. Klebe das Rohr dann hochkant an die Lehne des Throns.

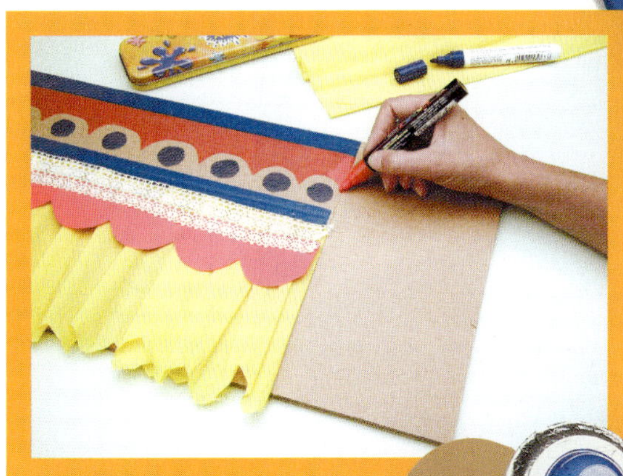

**9** Schneide ein Rechteck aus dem Karton aus, das etwas höher und mindestens 20 cm breiter als die Rückenlehne des Stuhls ist. Markiere auf den beiden kurzen Seiten etwa 10 cm vom Rand entfernt eine senkrechte Linie.

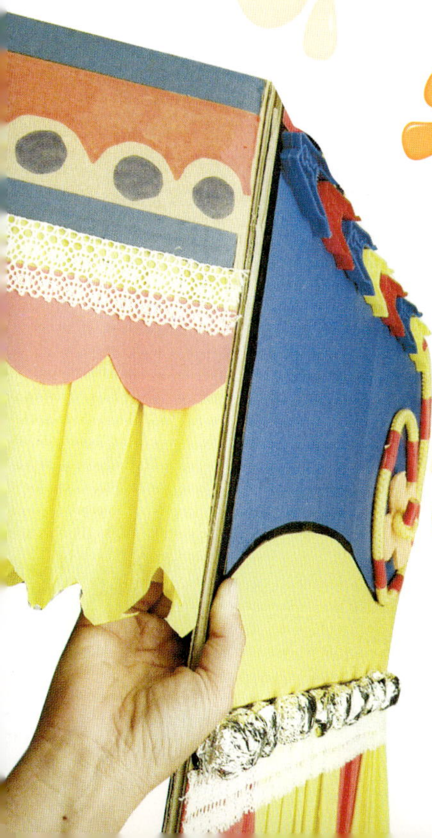

**10** Damit ist das erste Seitenteil deines Throns fertig. Schneide nun eine zweite Thron-Schablone aus dem Pappkarton aus, und dekoriere sie auf die gleiche Weise.

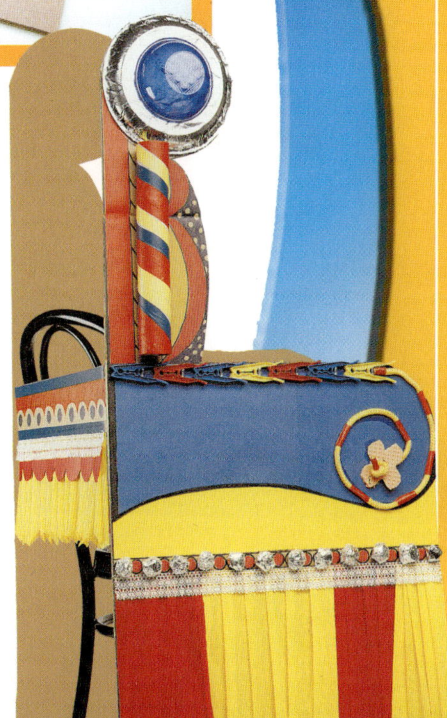

**11** Zum Schluss verbindest du die beiden Seiten mit dem Rückenteil und schiebst das Ganze über den Stuhl ... So einfach wird man König!

# Besuch

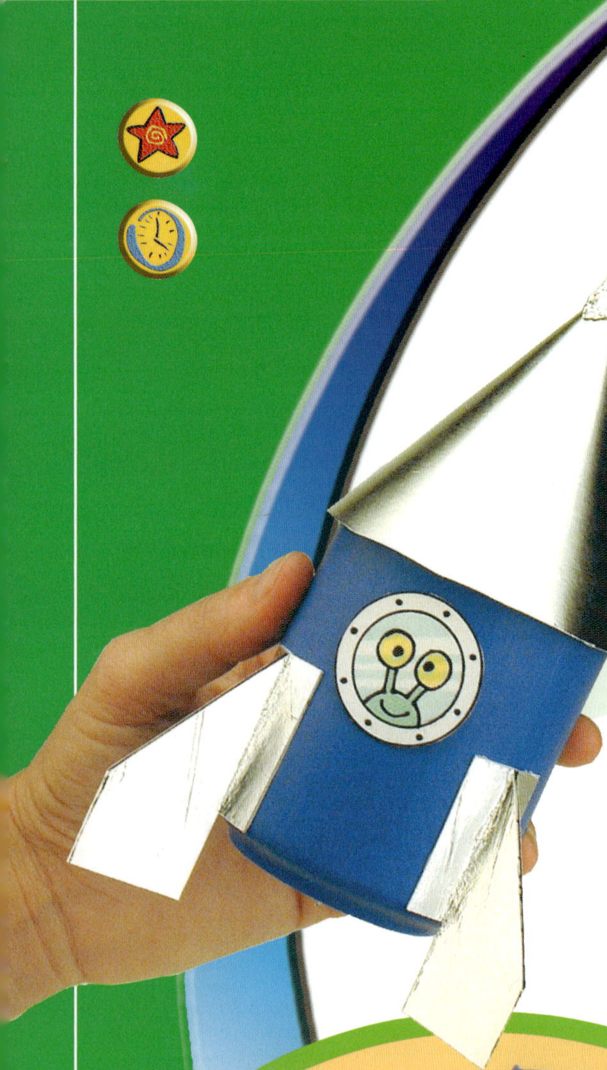

Hier kommt ein besonderer Art Attack: lustige Marsmännchen mit Raumschiffen, die jede Menge Krach machen!

## LÄRM-RAKETE

- Bemale die Büchse mit Temperafarben, und fülle sie mit Kieselsteinen.
- Verschließe dann die Öffnung mit Klebeband.
- Schneide aus dem silbernen Kartonpapier einen Halbkreis aus, und klebe ihn zu einem Kegel zusammen, den du als Spitze auf die Büchse klebst.
- Die Antenne an der Spitze ist ein Stück Strohhalm, das du mit Stanniolpapier umwickelst.
- Zeichne drei Tragflächen, falte sie wie auf dem Foto, und klebe sie unten an die Büchse.
- Male nun Fenster mit lustigen Aliens auf ein Blatt Papier, schneide sie aus, und klebe sie auf deine Rakete.

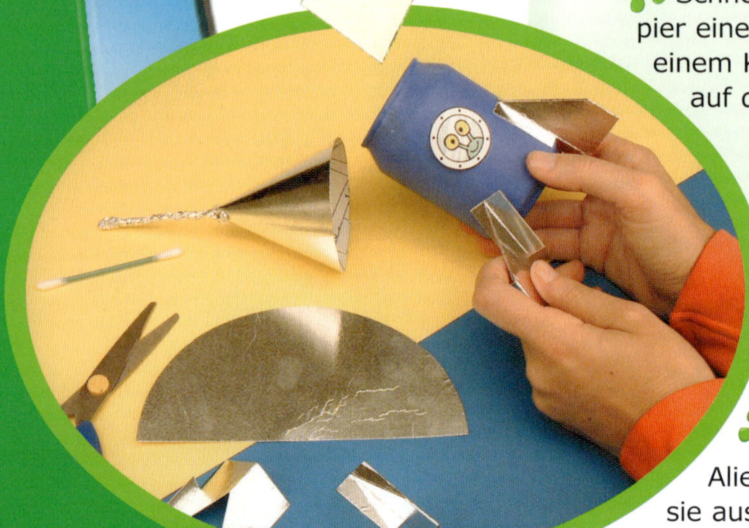

# aus dem ALL

## KRACHMACHER-ALIEN

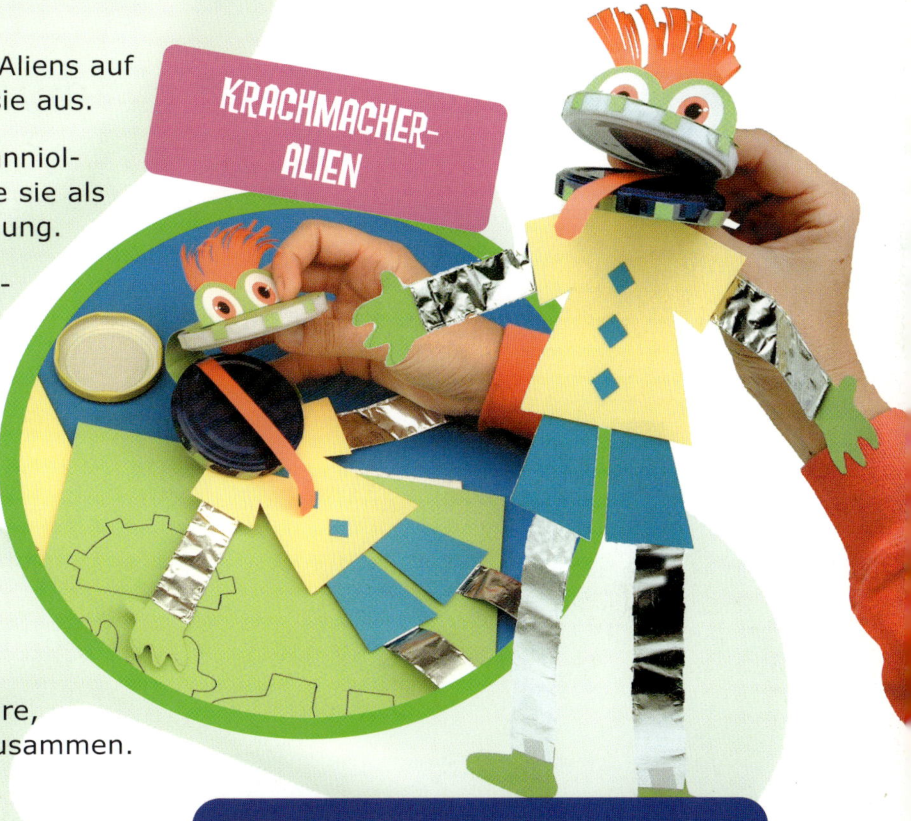

- Male die Kleidung deines Aliens auf Kartonpapier, und schneide sie aus.
- Schneide Streifen aus Stanniolpapier zurecht, und befestige sie als Arme und Beine an der Kleidung.
- Klebe die beiden Metalldeckel mit einem Kartonpapierstreifen zusammen.
- Klebe eine Zunge aus rotem Tonpapier auf den unteren Deckel.
- Beziehe den oberen Deckel so mit grünem Kartonpapier, dass du die beiden Deckel mit den Fingern aufeinanderschlagen kannst. Bastele noch Augen und Haare, und klebe alles zusammen.

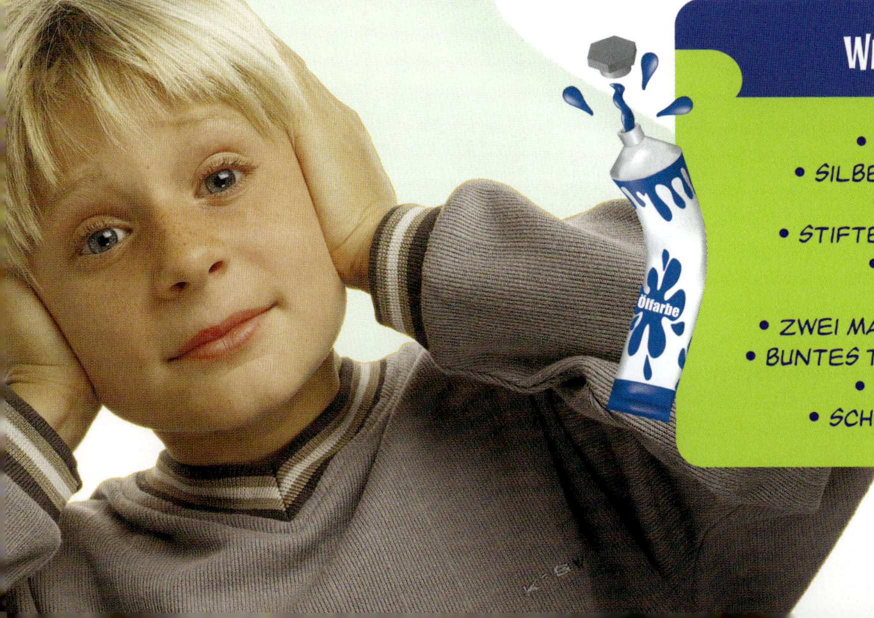


### WAS DU BRAUCHST

- LEERE BÜCHSEN
- SILBERNES KARTONPAPIER
- STROHHALME
- STIFTE UND TEMPERAFARBEN
- KIESELSTEINE
- KLEBEBAND
- ZWEI MARMELADENGLASDECKEL
- BUNTES TON- ODER KARTONPAPIER
- STANNIOLPAPIER
- SCHERE UND KLEBSTOFF

# GOLF-turnier

## WAS DU BRAUCHST

- EINEN TELLER
- DICKEN KARTON UND KARTONPAPIER
- BLEISTIFT
- EINEN PLASTIKBECHER
- SCHERE UND KLEBEBAND
- EINEN GLATTEN STAB
- EINE ZEITSCHRIFT
- VINYLKLEBER
- PAPIERTASCHENTÜCHER ODER TOILETTENPAPIER
- ACRYLFARBEN
- EINEN TISCHTENNISBALL
- MODELLIERMASSE
- STROHHALME
- ZEITUNGSPAPIER

Du dachtest, Golf sei langweilig? Irrtum! Mit ein bisschen Art-Fantasie wird es zu einem lustigen Spiel für dich und alle deine Freunde!

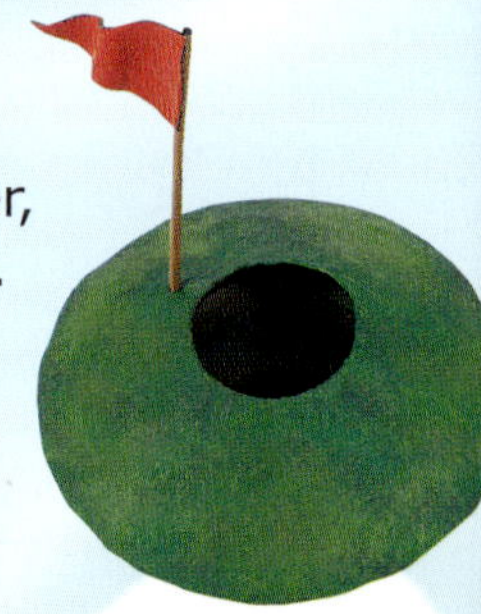

1 Lege einen Teller auf das Kartonpapier, und fahre ihn mit dem Bleistift nach. Stell ein Glas in die Kreismitte, und zeichne die Umrisse ein. Diesen Ring ausschneiden und zu einem Kegel biegen. Mit Klebeband fixieren.

## LÖCHER

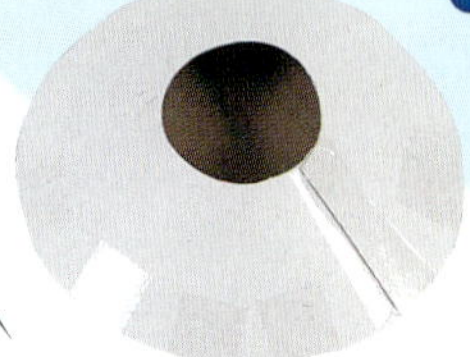

2 Mische Vinylkleber und Wasser zu gleichen Teilen, und bepinsele damit den Kegel. Beklebe den Kegel danach mit zwei Lagen Toilettenpapier (den inneren Rand nicht vergessen!). Alles trocknen lassen, und bunt anmalen.

VORSICHT: WENN DIE WÄNDE DEINES KEGELS ZU STEIL SIND, FÄLLT DER BALL NICHT MEHR INS LOCH!

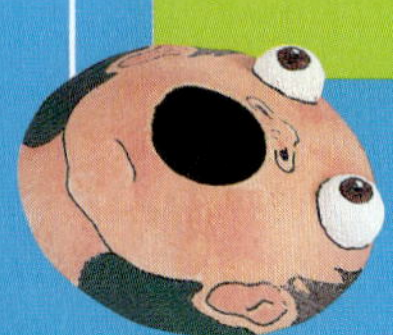

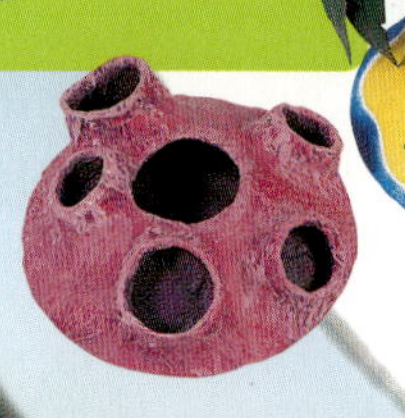

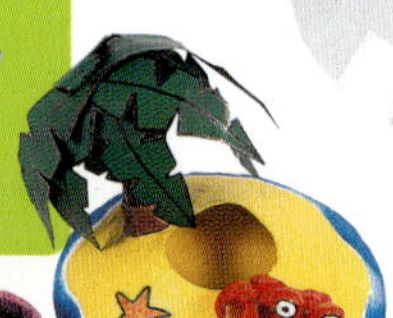

# GOLFSCHLÄGER

**1** Nimm einen Bogen Zeitungspapier, und wickle ihn um das eine Ende deines Stabs. Mit Klebestreifen fixieren – und fertig ist der Griff!

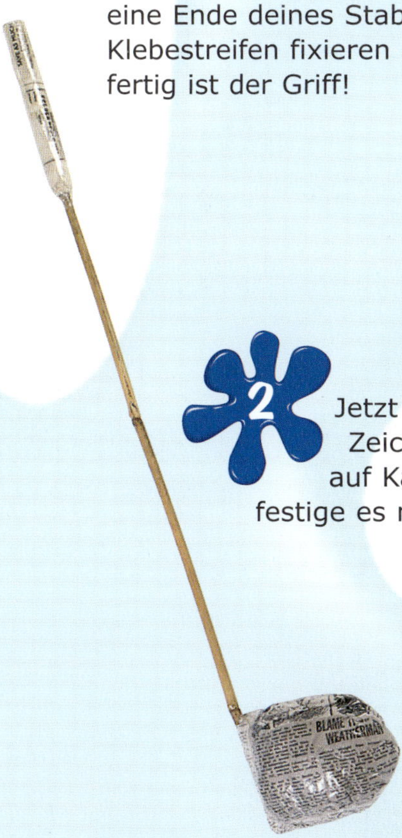

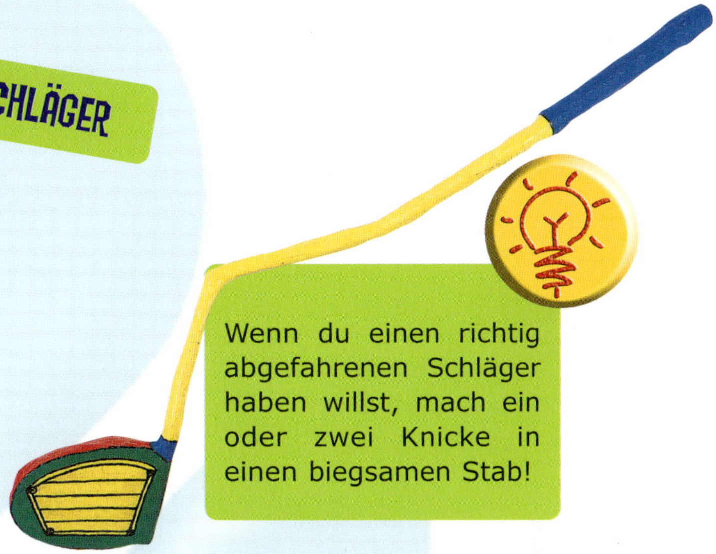

Wenn du einen richtig abgefahrenen Schläger haben willst, mach ein oder zwei Knicke in einen biegsamen Stab!

**2** Jetzt kommt der Schlägerkopf an die Reihe: Zeichne dazu einen D-förmigen „Bauch“ auf Karton. Schneide das D aus, und befestige es mit Klebeband am Schläger.

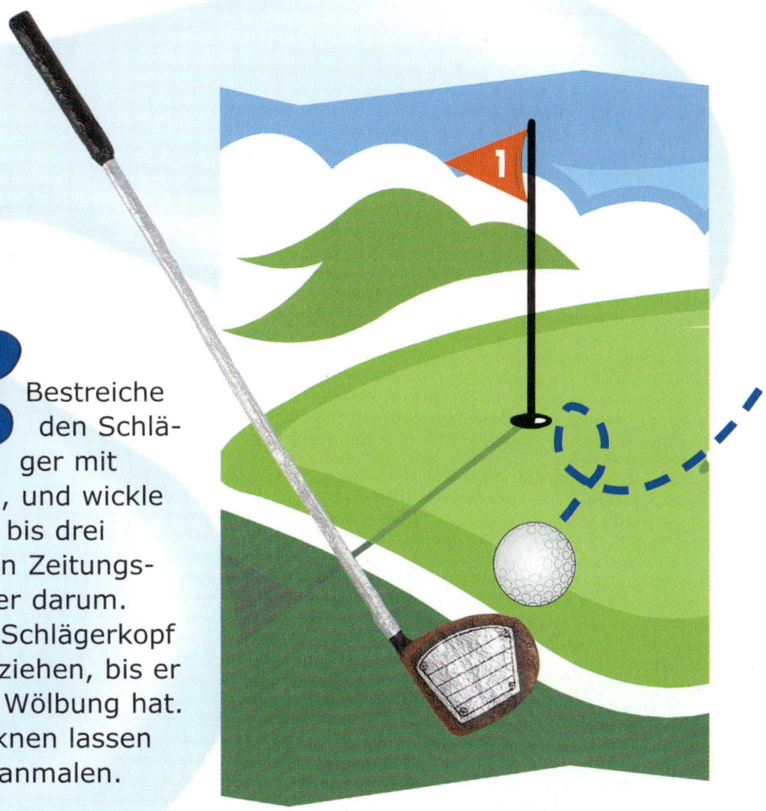


WILLST DU, DASS DEIN GOLFSCHLÄGER WIE EIN ECHTER AUSSIEHT? DANN MALE DEN GRIFF SCHWARZ, DEN STAB METALL- ODER SILBERFARBEN UND DEN SCHLÄGERKOPF HOLZBRAUN ODER SILBERN AN.

**3** Bestreiche den Schläger mit Leim, und wickle zwei bis drei Lagen Zeitungspapier darum. Den Schlägerkopf überziehen, bis er eine Wölbung hat. Trocknen lassen und anmalen.

## FAHNE

Sie zeigt an, wo sich das Loch befindet. Für die Fahne nimmst du einen Strohhalm und steckst ihn auf eine Plastilinkugel. Klebe ein Dreieck aus Kartonpapier an den Strohhalm.

## PFLANZEN

Sie sind aus Kartonpapier. Lass unten ein Stück als Ständer überstehen, knicke es um, und klebe es fest.

## GOLFPLATZ

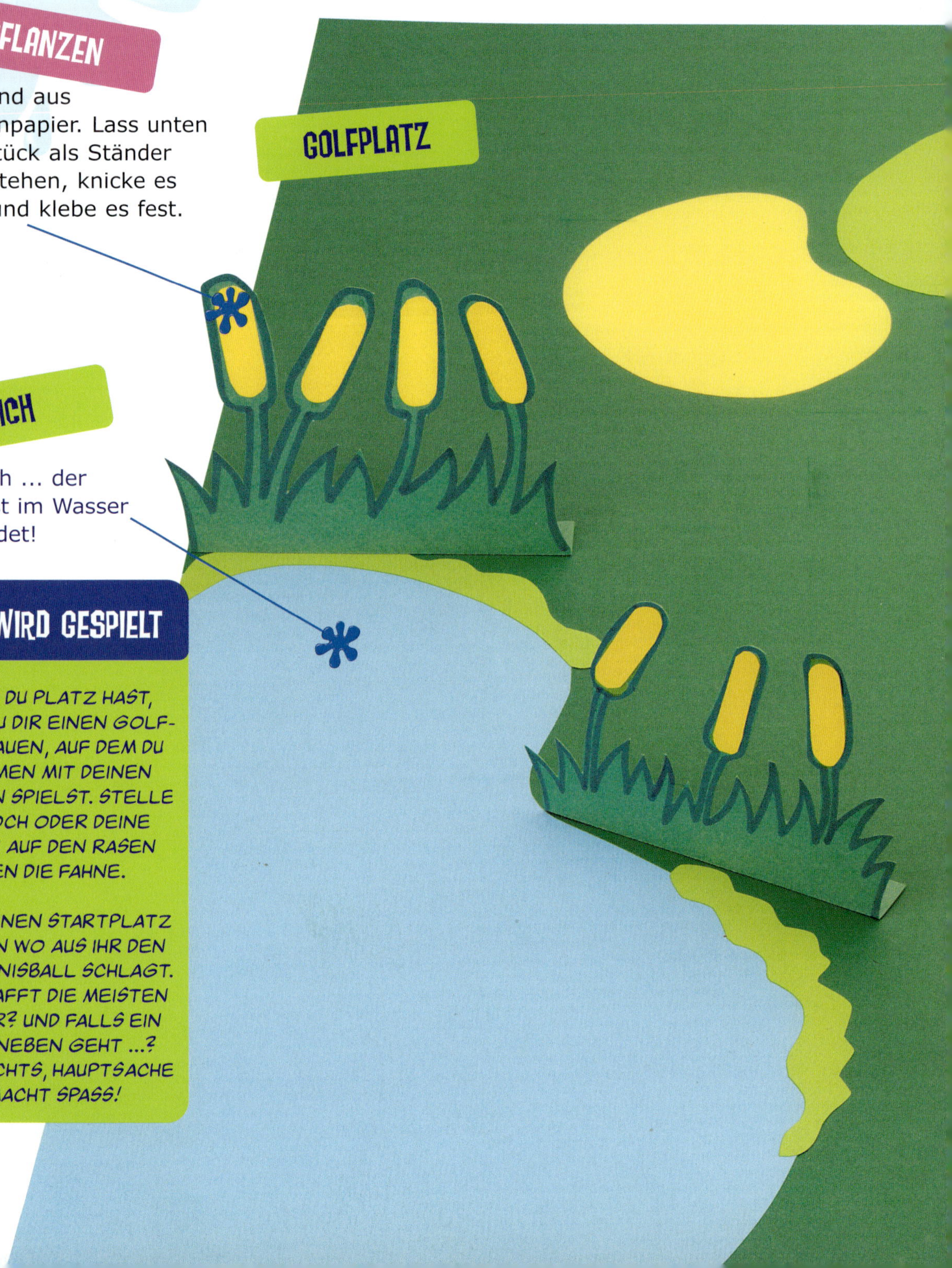

## TEICH

Platsch ... der Ball ist im Wasser gelandet!

## SO WIRD GESPIELT

- WENN DU PLATZ HAST, KANNST DU DIR EINEN GOLFPLATZ BAUEN, AUF DEM DU ZUSAMMEN MIT DEINEN FREUNDEN SPIELST. STELLE DEIN LOCH ODER DEINE LÖCHER AUF DEN RASEN NEBEN DIE FAHNE.
- LEGT EINEN STARTPLATZ FEST, VON WO AUS IHR DEN TISCHTENNISBALL SCHLAGT. WER SCHAFFT DIE MEISTEN TREFFER? UND FALLS EIN BALL DANEBEN GEHT ...? MACHT NICHTS, HAUPTSACHE ES MACHT SPASS!

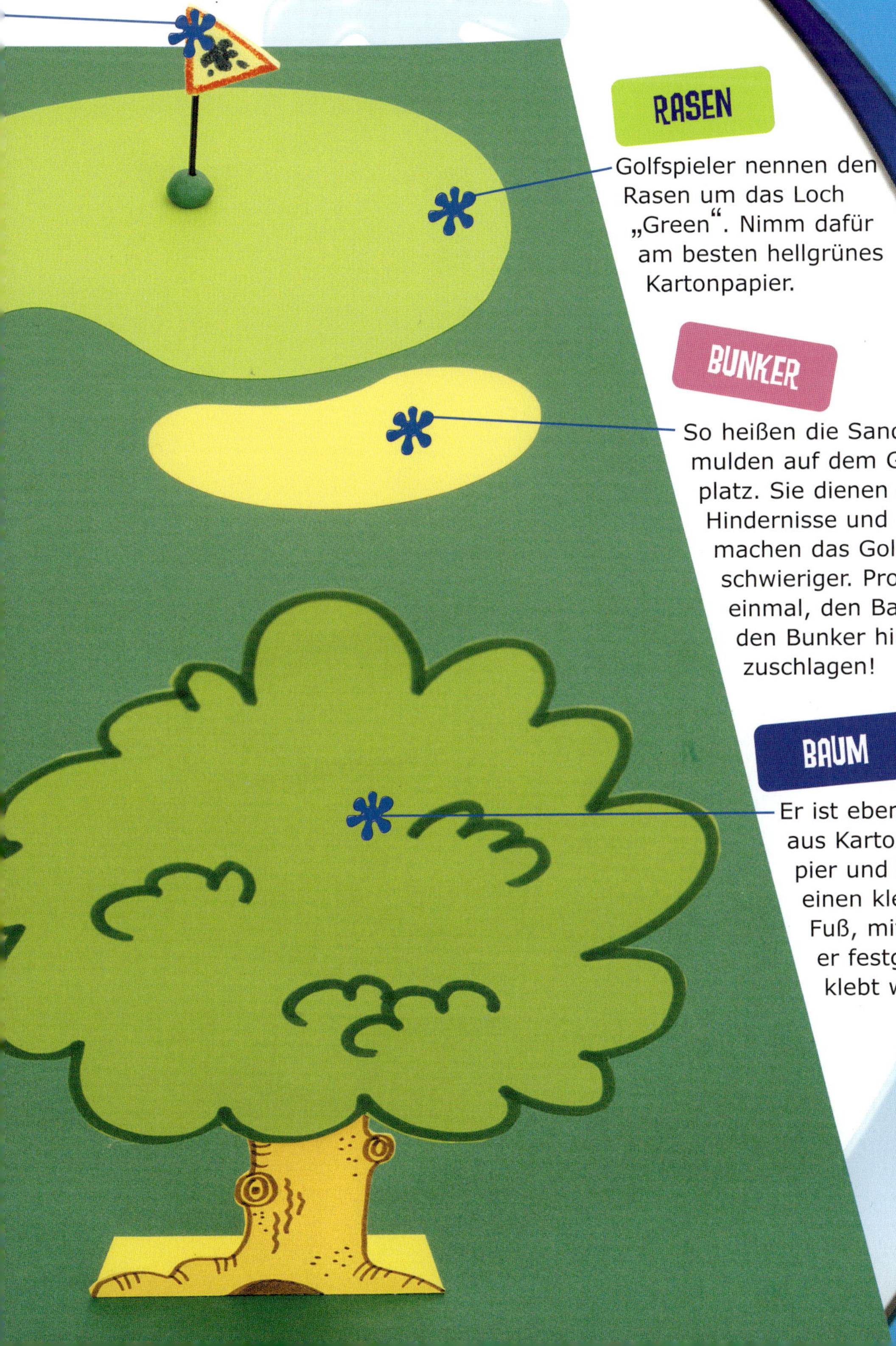

## RASEN

Golfspieler nennen den Rasen um das Loch „Green". Nimm dafür am besten hellgrünes Kartonpapier.

## BUNKER

So heißen die Sandmulden auf dem Golfplatz. Sie dienen als Hindernisse und machen das Golfspiel schwieriger. Probiere einmal, den Ball über den Bunker hinwegzuschlagen!

## BAUM

Er ist ebenfalls aus Kartonpapier und hat einen kleinen Fuß, mit dem er festgeklebt wird.

# Spiele-

Langeweile? Dann bau dir doch deinen eigene Spielekiste, in der du nach Lust und Laune spielen kannst!

## WAS DU BRAUCHST

- DECKEL VON EINER FESTEN PAPPSCHACHTEL
- KLEINE JOGHURT-BECHER
- BUNTES KLEBEBAND
- PAPIERBECHER
- BUNTES TONPAPIER
- SCHERE UND KLEBSTOFF
- TISCHTENNISBÄLLE ODER MURMELN

LASS DIR BEIM AUS-SCHNEIDEN VON EINEM ERWACHSENEN HELFEN!

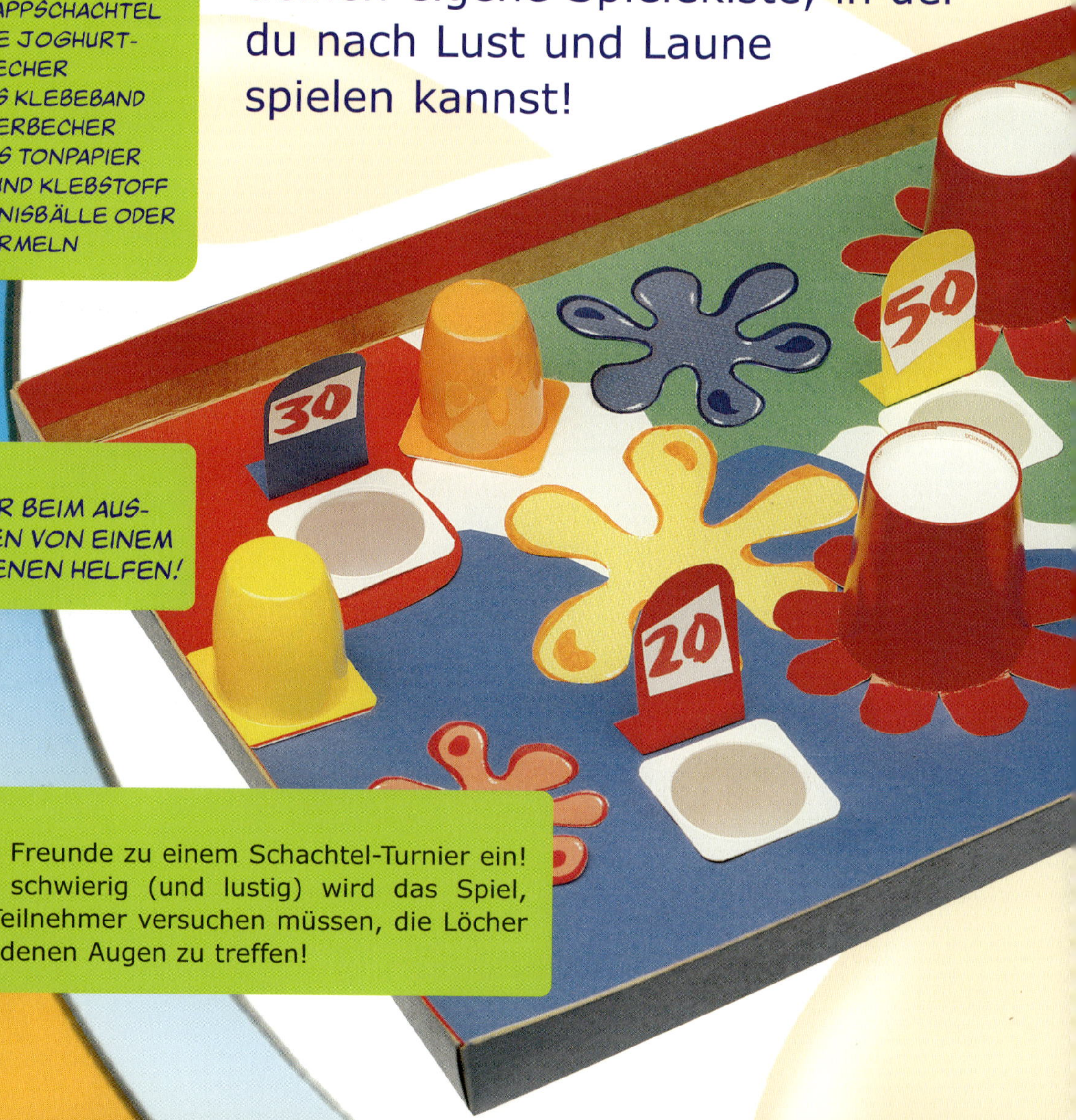


Lade deine Freunde zu einem Schachtel-Turnier ein! Besonders schwierig (und lustig) wird das Spiel, wenn die Teilnehmer versuchen müssen, die Löcher mit verbundenen Augen zu treffen!

# BOX

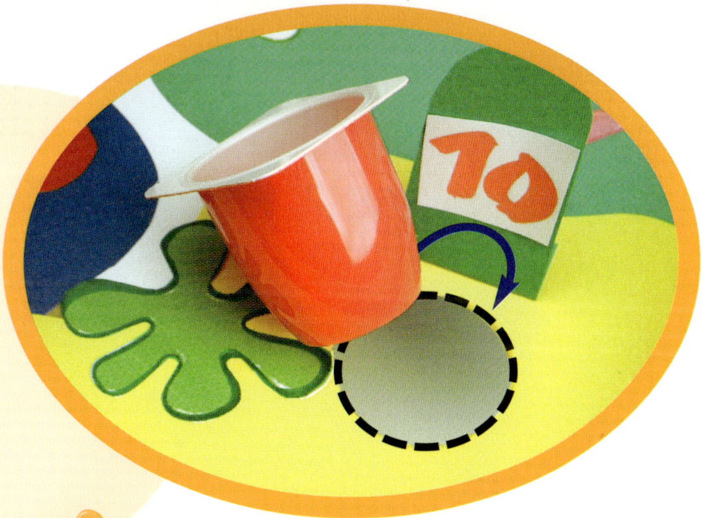


1 Nimm einen etwa 20 x 40 cm großen Pappschachteldeckel, und beklebe die Innenränder mit farbigem Klebeband. Denke dir für den Boden ein fantasievolles Muster aus buntem Tonpapier aus.

2 Zeichne auf dem Schachtelboden Kreise ein, die etwas größer als der Umfang der Joghurtbecher sind, und schneide sie aus. Schiebe dann die Joghurtbecher bis zum Rand in die Löcher.

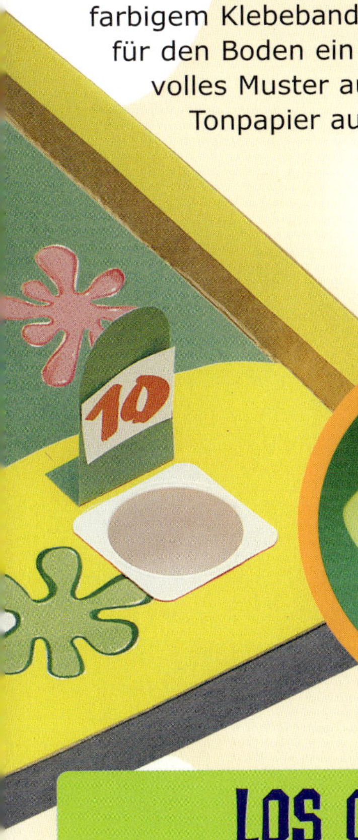


3 Andere Joghurtbecher werden zu Hindernissen. Klebe sie mit der Öffnung nach unten auf. Füge noch ein paar bunte Pappbecher hinzu, die du am oberen Rand wie hier abgebildet eingeschnitten hast, und klebe sie mit den Laschen auf den Schachtelboden.

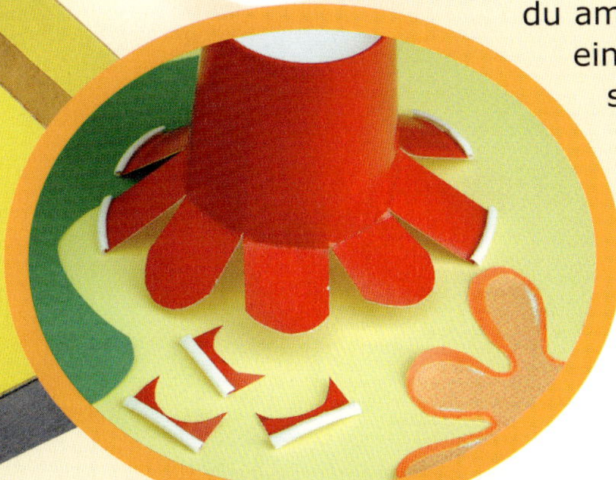

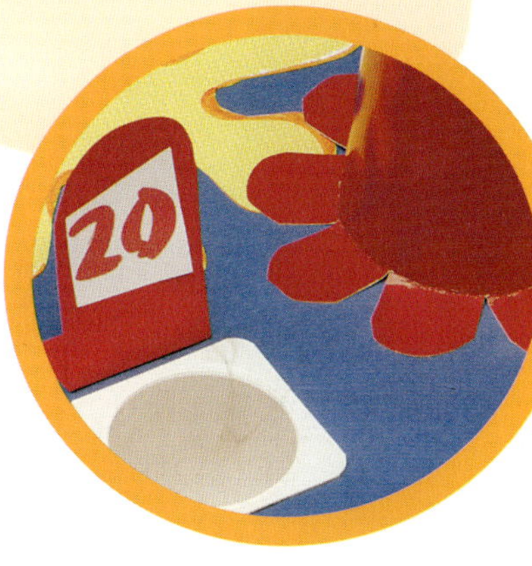


4 Schreibe für jedes Loch eine Punktzahl auf, und klebe sie daneben.

## LOS GEHT'S!

Lege vier Tischtennisbälle oder Murmeln auf die Bahn. Jeder Spieler hat jetzt eine bestimmte Zeit, die Bälle durch Bewegen der Schachtel in die Löcher zu bringen.

# ZIELWURF

## Ein einfaches und lustiges Spiel für drinnen oder draußen

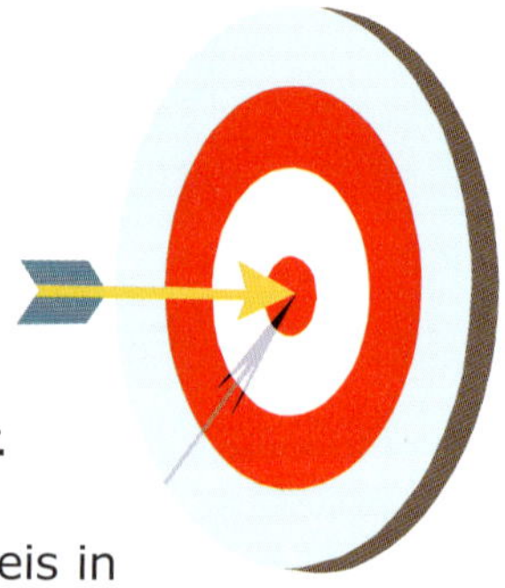

**1** Zeichne die Zielscheibe auf ein Blatt Papier. Markiere mithilfe von zwei Diagonalen den Mittelpunkt. Zeichne mit dem Zirkel den Kreis in der Mitte ein, und lege dann Karton unter das Blatt. Stecke die Reißzwecke so in die Mitte, dass sie im Karton hält.

**2** Nimm den Bindfaden, und befestige ihn an der Reißzwecke. Das andere Ende wickelst du um einen Filzstift. Zeichne mit gespanntem Faden unterschiedlich große Kreise ein.

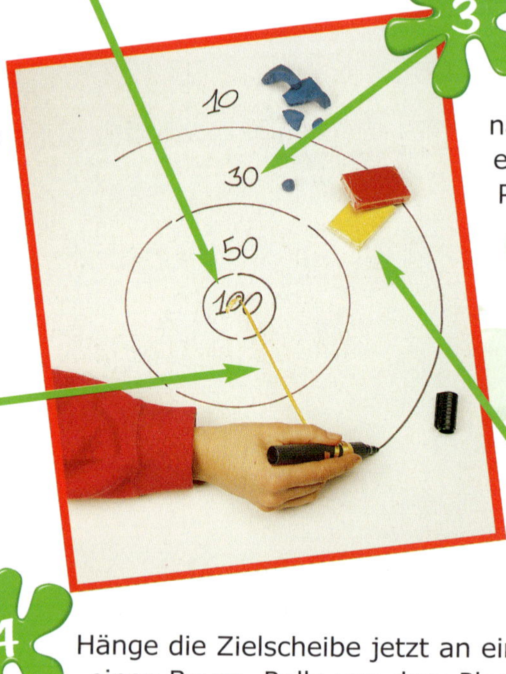


**3** Schreibe an jeden Kreis von innen nach außen die entsprechende Punktezahl.

**4** Hänge die Zielscheibe jetzt an eine Tür oder an einen Baum. Rolle aus dem Plastilin viele kleine Kugeln. Jeder Spieler bekommt fünf Kugeln von einer Farbe, mit denen er auf die Zielscheibe werfen muss. Gewonnen hat der Spieler mit den meisten Punkten.

### WAS DU BRAUCHST

- GROSSER PAPIERBOGEN
- BUNTE STIFTE
- EIN KLEINER NAGEL ODER EINE REISSZWECKE
- BINDFADEN
- KARTON
- PLASTILIN

# Schach-MATT!

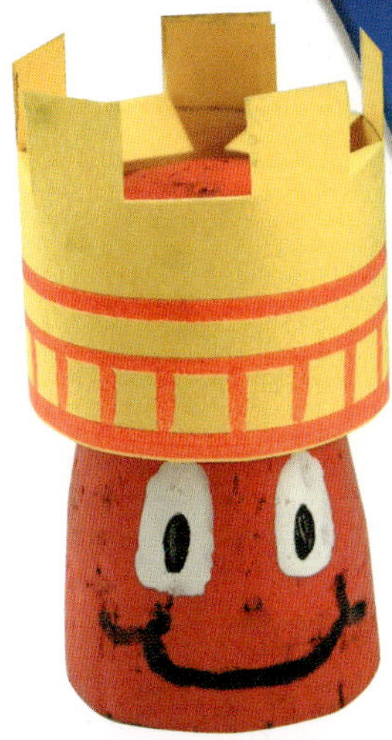

Das ideale Geschenk für jeden, der Schach spielen kann – oder es lernen will!

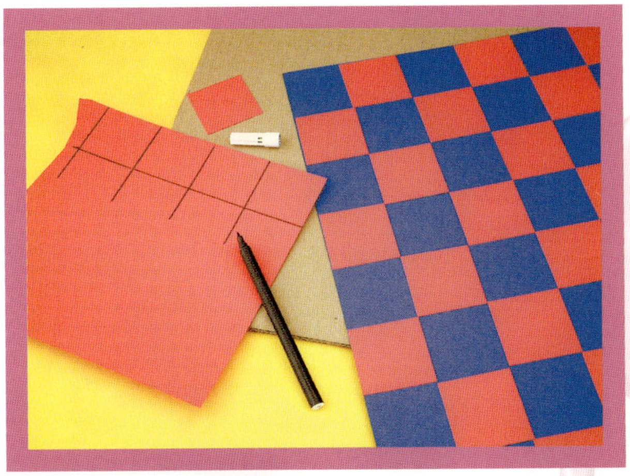

## WAS DU BRAUCHST

- KARTON
- BUNTES TON- ODER KARTONPAPIER
- BUNTSTIFTE
- TEMPERAFARBEN UND PINSEL
- KLEINE PERLEN
- REISSZWECKEN
- KORKEN UND FLASCHENVERSCHLÜSSE AUS METALL
- PFEIFENREINIGER
- BUNTES KLEBEBAND
- GLITZERBAND
- KLEINE GRILLSPIESSE ODER ZAHNSTOCHER
- SCHERE UND KLEBSTOFF
- PLASTILIN

## DAS SCHACHBRETT

Nimm einen Bogen Tonpapier, und unterteile es in 64 Quadrate (8 Reihen zu je 8 Quadraten), und klebe es auf eine feste Kartonunterlage. Nimm jetzt ein andersfarbiges Tonpapier, schneide 32 Quadrate in der gleichen Größe aus, und klebe sie im Schachbrettmuster auf den ersten Papierbogen.

FÜR EIN SCHACHSPIEL BRAUCHST DU PRO FARBE 8 BAUERN, 2 TÜRME, 2 SPRINGER, 2 LÄUFER, 1 DAME UND 1 KÖNIG.

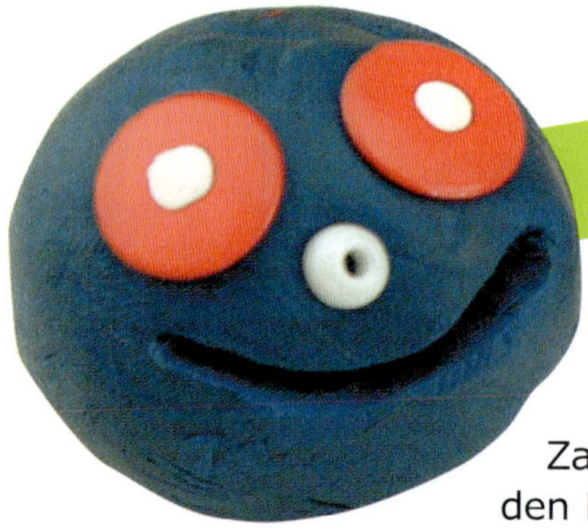

## BAUERN

Rolle ein Stück Plastilin zu einer Kugel, und drücke sie unten etwas flach. Mit dem Zahnstocher zeichnest du den Mund ein, dann setzt du zwei Reißzwecken als Augen ein. Die Nase bildet eine Perle. Die Pupillen malst du mit Temperafarbe auf.

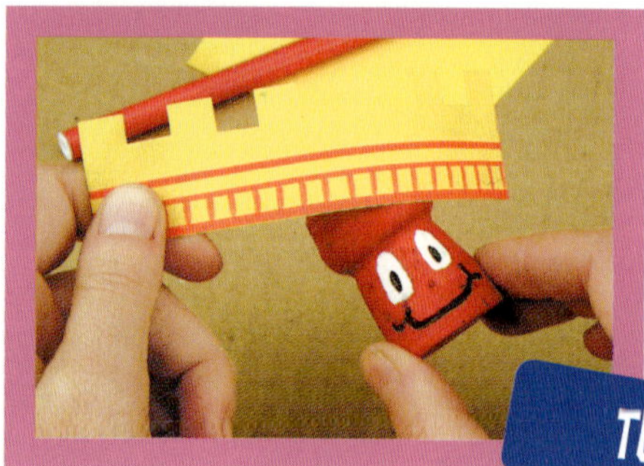

## TURM

Der Turm ist ein bunt angemalter Sektkorken. Zeichne eine Zinnenreihe auf buntes Tonpapier, verziere sie mit den Filzstiften, und klebe sie oben um den Korken herum. Zum Schluss malst du dem Turm ein lustiges Gesicht.

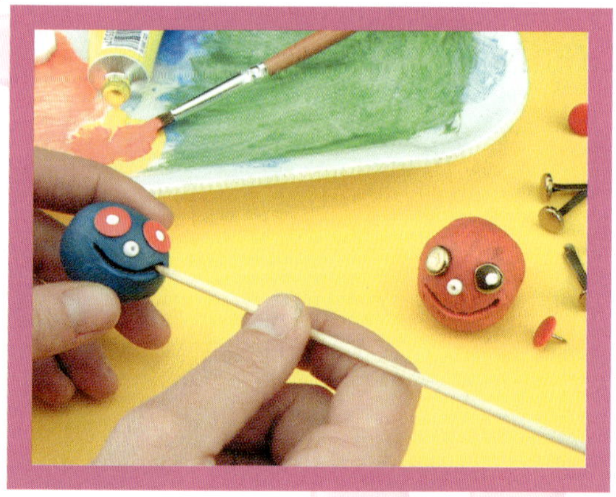

PERLEN LASSEN SICH LEICHTER AUFKLEBEN, WENN DU SIE AUF EINEN ZAHNSTOCHER SCHIEBST, EINEN TROPFEN KLEBER DAZUGIBST UND SIE MIT DEM ZAHNSTOCHER FESTDRÜCKST.

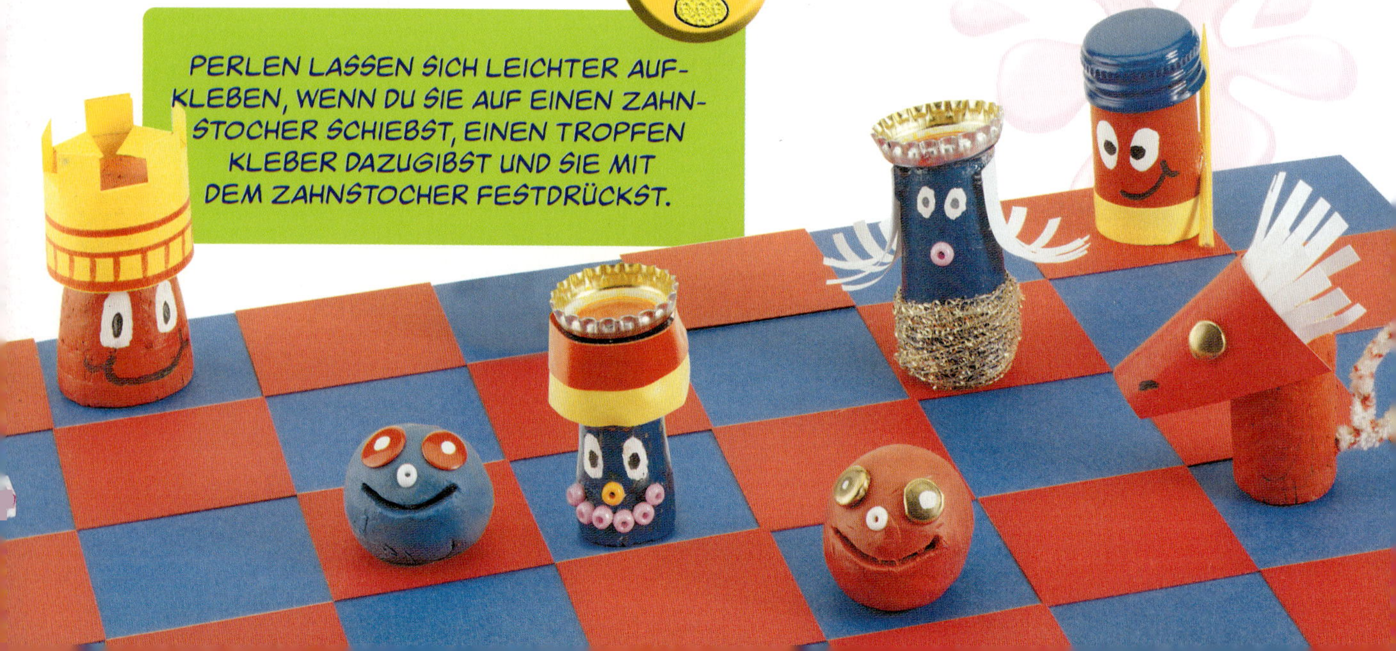

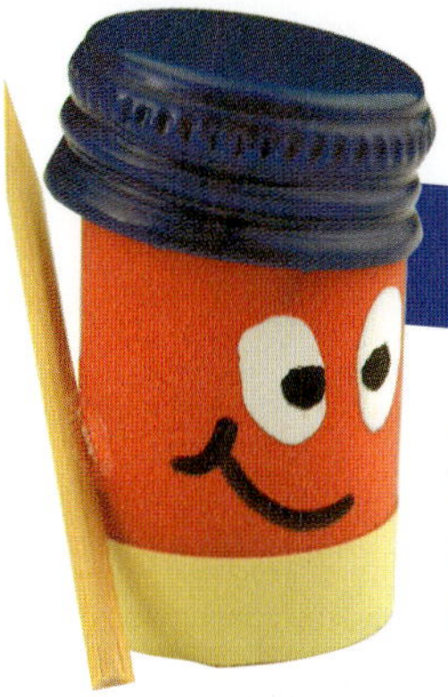

## LÄUFER

Der Läufer besteht aus einem Korken, dem du einen Kronkorken aufgesetzt hast. Verziere den Korken unten mit einem bunten Klebeband, und male Augen und Mund auf. Die Lanze ist ein angeklebter Zahnstocher.

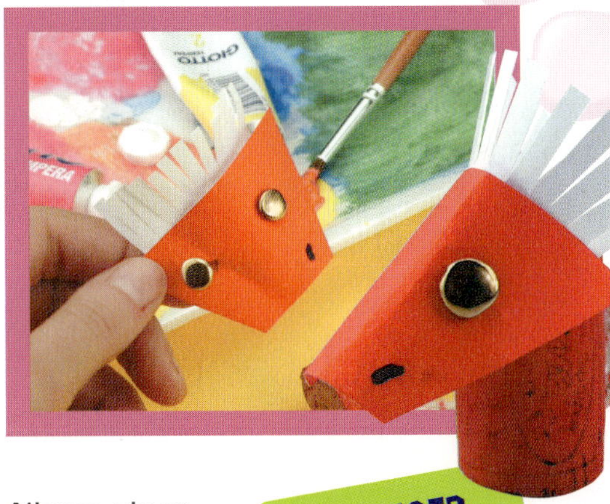

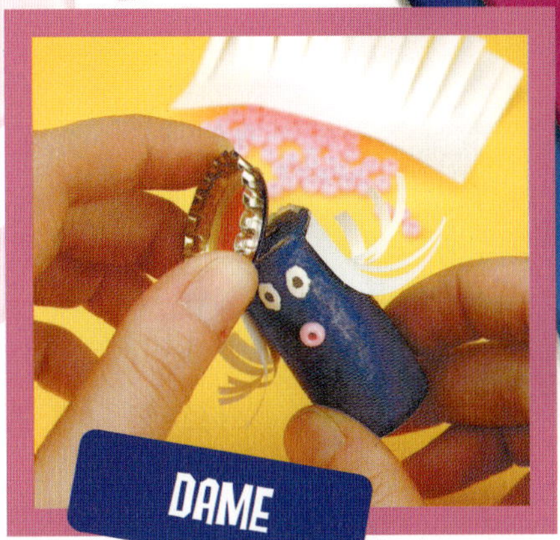

## SPRINGER

Nimm einen Korken, und stecke einen Pfeifenreiniger als Schwanz hinein. Zeichne ein Trapez auf Tonpapier, stecke zwei Reißzwecken für die Augen hinein, und zeichne Nüstern dazu. Füge noch eine Mähne aus weißen Papierfransen hinzu, biege das Tonpapier halbrund, und klebe es wie hier abgebildet auf.

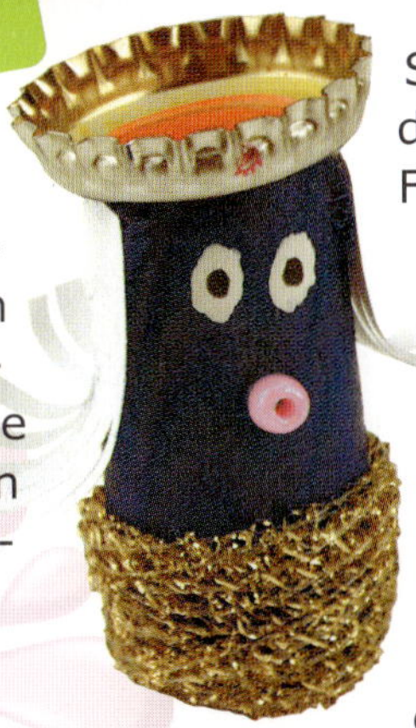

## DAME

Schneide weißes Papier für die Haare zurecht, biege die Fransen nach außen, und klebe sie am Korken fest. Die Krone besteht aus einem umgedrehten Kronkorken. Den Kragen zauberst du aus Glitzerband. Dann malst du noch Augen mit Temperafarbe dazu und klebst einen Perlenmund auf.

## KÖNIG

Nimm einen bunt bemalten, mit farbigem Klebeband verzierten Sektkorken. Male zwei Augen dazu, und klebe aus bunten Perlen Mund und Nase auf. Vergiss nicht, die Krone auf den Kopf zu setzen!

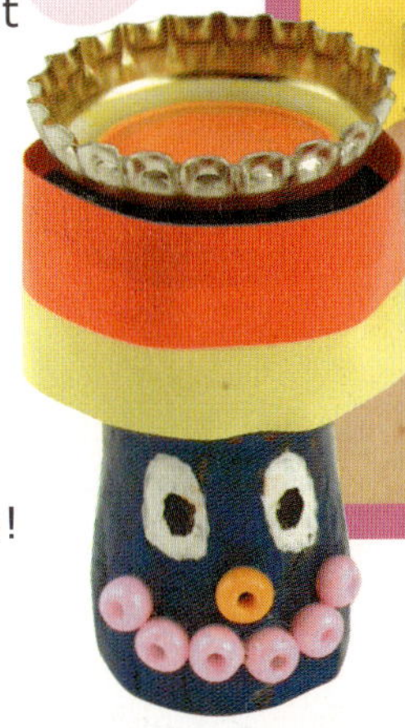

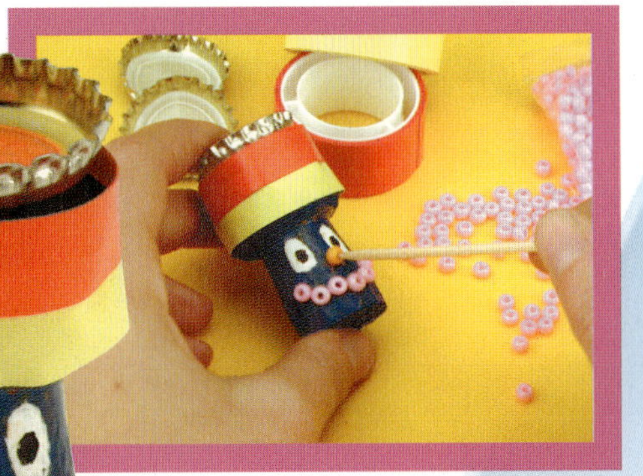

# Art MURMELN

## WAS DU BRAUCHST

- EINE SCHACHTEL AUS WELLPAPPE
- ZWEI PAPPBECHER (ODER ZWEI TISCHTENNISBÄLLE)
- TOILETTENPAPIER
- VINYLKLEBER
- SCHERE
- SCHWARZEN MARKIERSTIFT
- ACRYLFARBEN UND PINSEL
- BUNTE STROHHALME

Immer nur Sandburgen bauen ist ja langweilig! Für viel Spaß am Strand sorgt dieses Murmelspiel, das du dir schnell selber basteln kannst.

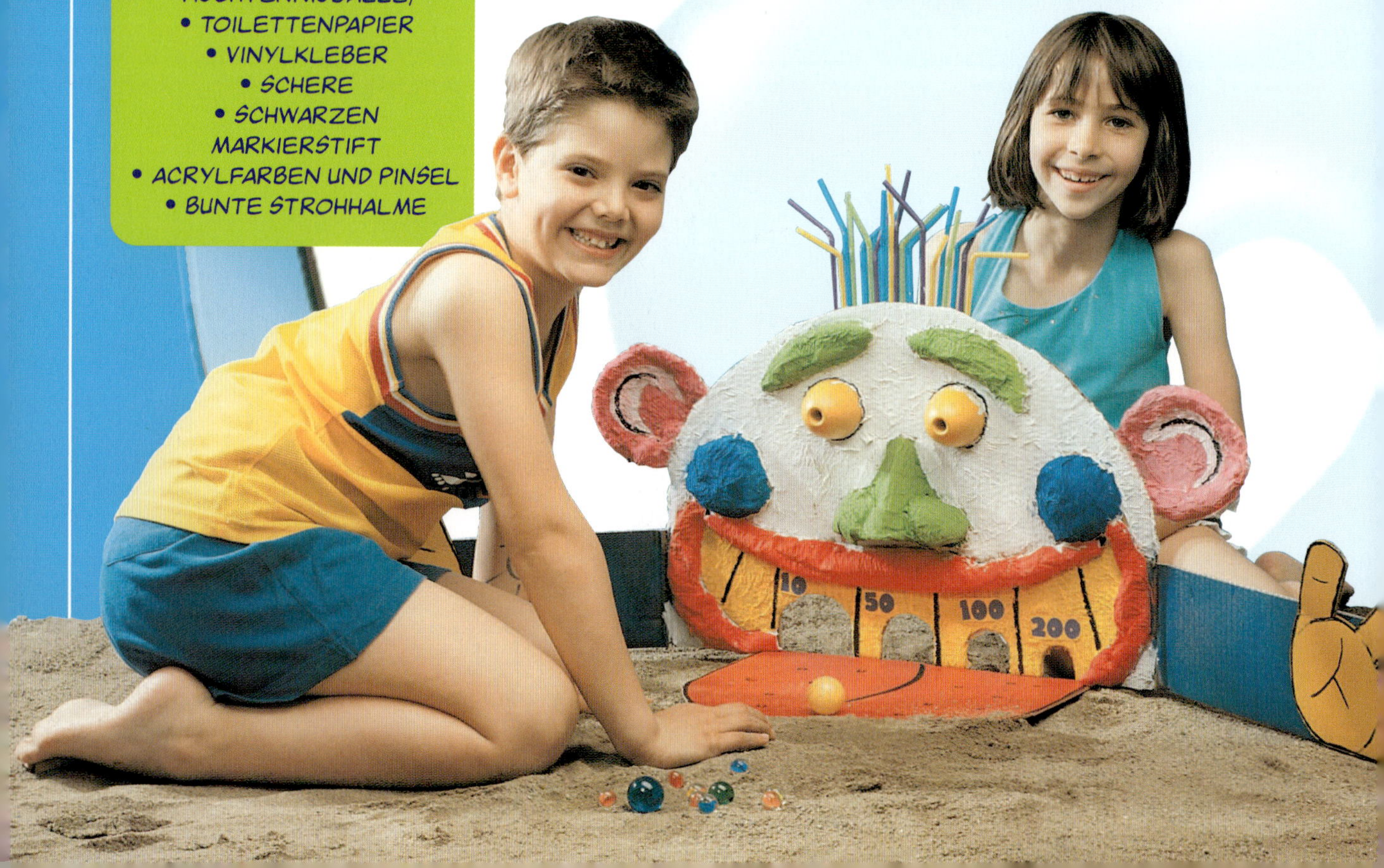

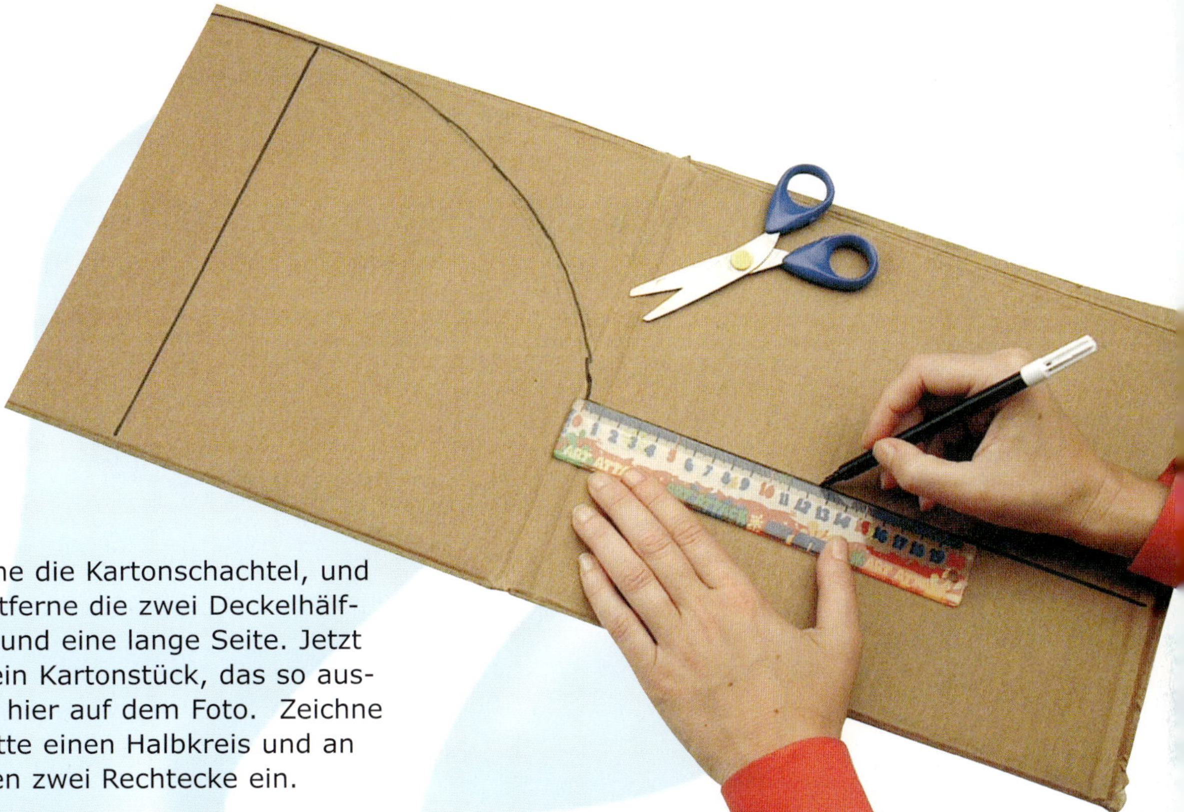

1 Öffne die Kartonschachtel, und entferne die zwei Deckelhälften und eine lange Seite. Jetzt hast du ein Kartonstück, das so aussieht wie hier auf dem Foto. Zeichne in der Mitte einen Halbkreis und an den Seiten zwei Rechtecke ein.

## WAS DU ZUM SPIELEN BRAUCHST

- EIN SÄCKCHEN MURMELN
- VIELE FREUNDE (DU KANNST AUCH ALLEINE SPIELEN, ABER SO MACHT ES MEHR SPASS!)
- EIN FREIES STÜCK STRAND (NIMM RÜCKSICHT AUF LEUTE, DIE IN DER SONNE LIEGEN, UND GEH NICHT ZU NAH ANS WASSER - SONST SCHWIMMT DEIN SPIELZEUG AM ENDE NOCH WEG!)
- DEIN MURMELSPIEL NATÜRLICH ...

ALLES DA? ALSO DANN LOS!

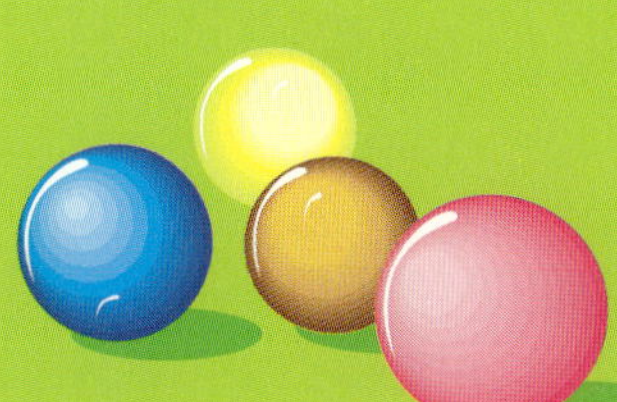

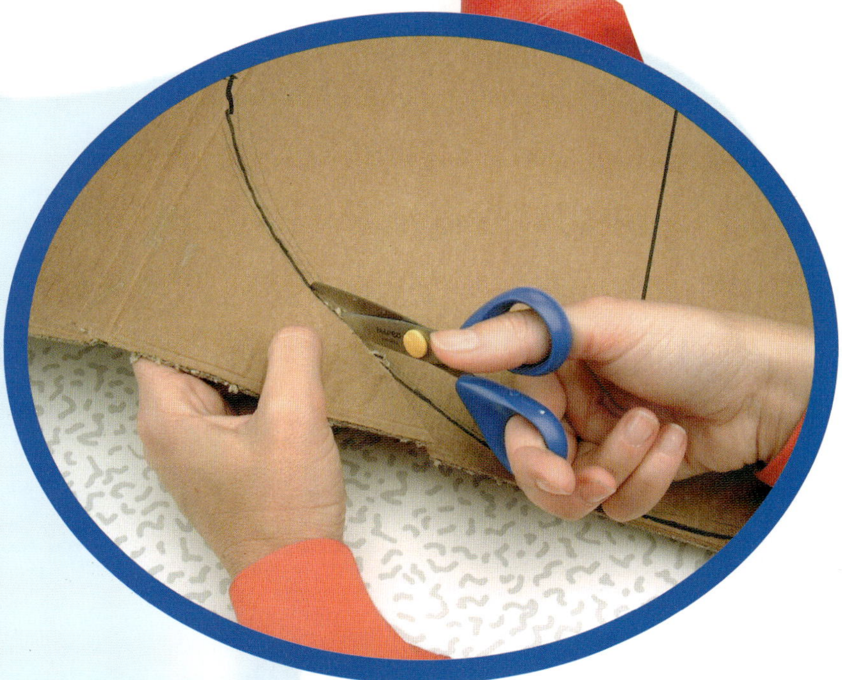

2 Schneide die Form entlang der Markierung aus.

3 Das ausgeschnittene Stück sieht jetzt so aus. Biege beide Arme nach innen.

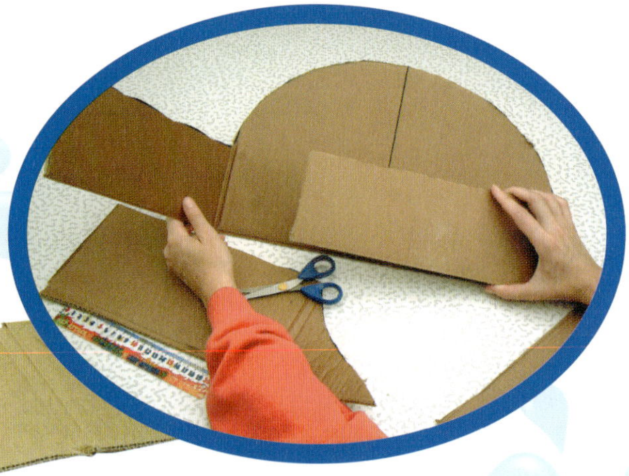

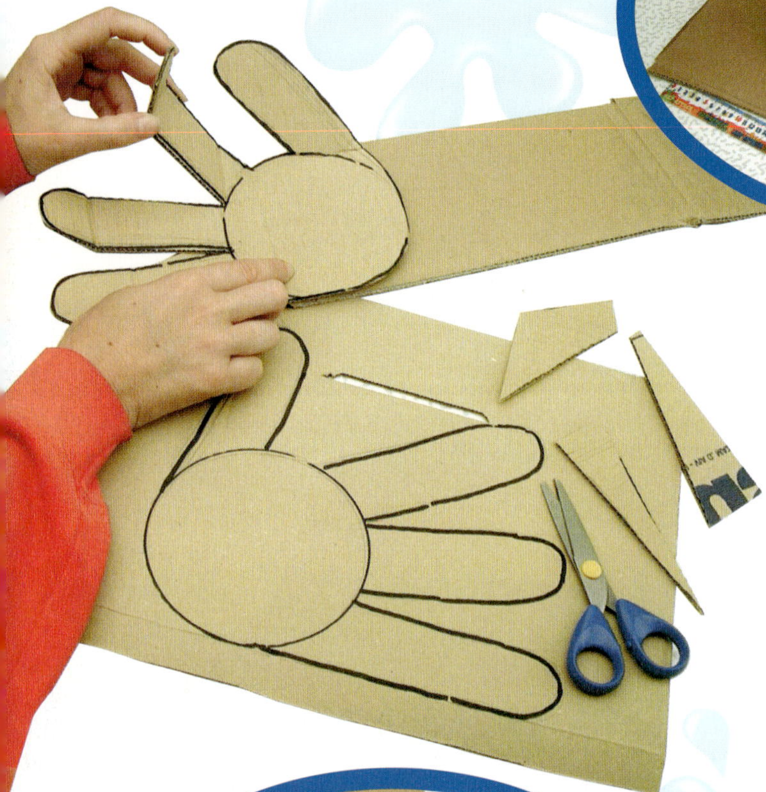

4 Jetzt sind die Hände an der Reihe: Zeichne zuerst einen Kreis auf den Karton, der so breit ist wie die Arme, und male dann Finger dazu. Schneide die Hand aus, und biege die Finger nach innen. Klebe die Hände fest.

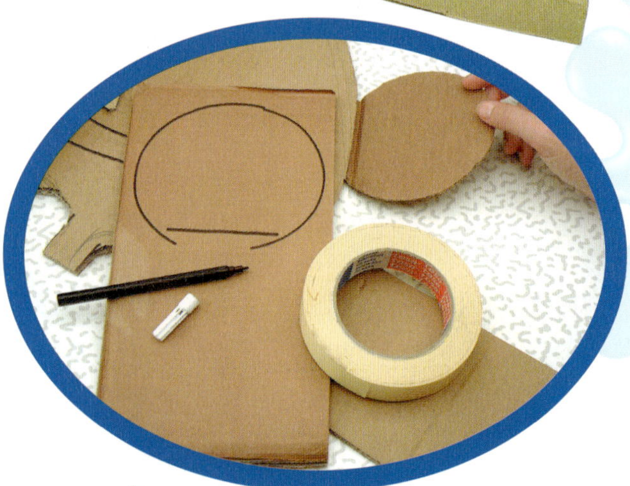

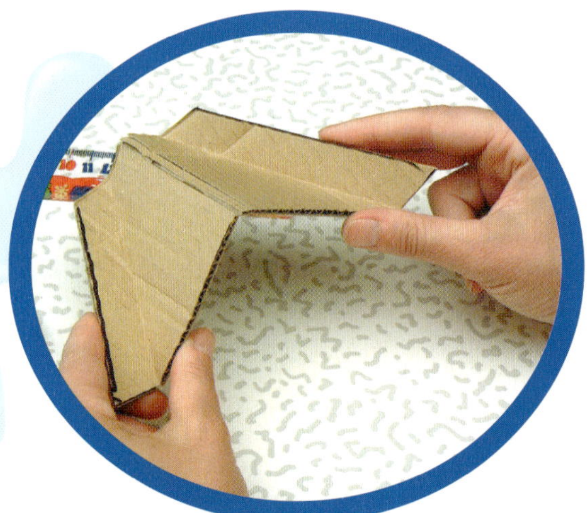

5 Zeichne zwei runde Ohren auf den Karton, schneide sie aus, und klebe sie an den Halbkreis.

6 Die Nase ist ein Karton-Dreieck, das du in der Mitte knickst und links und rechts an den Ränder festklebst.

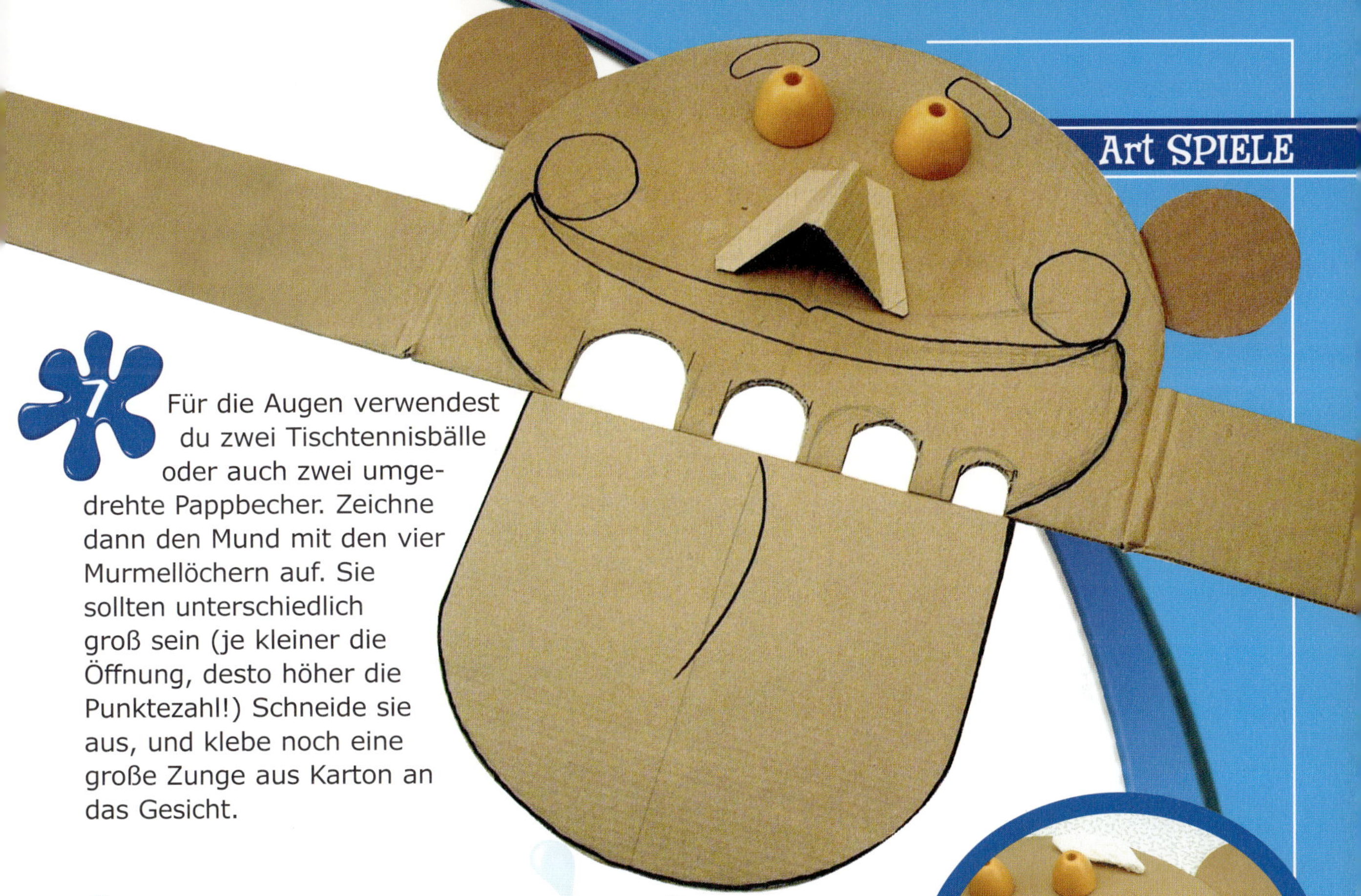

7 Für die Augen verwendest du zwei Tischtennisbälle oder auch zwei umgedrehte Pappbecher. Zeichne dann den Mund mit den vier Murmellöchern auf. Sie sollten unterschiedlich groß sein (je kleiner die Öffnung, desto höher die Punktezahl!) Schneide sie aus, und klebe noch eine große Zunge aus Karton an das Gesicht.

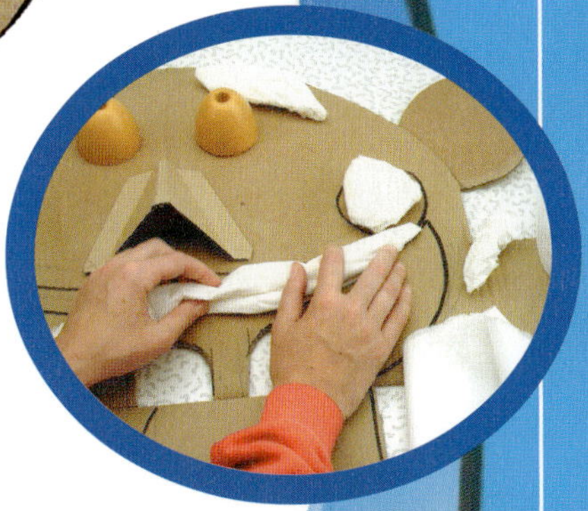

8 Knülle ein paar Stücke Toilettenpapier zu Augenbrauen, Lippen und Wangen. Mische dann den Kleber zur Hälfte mit Wasser, und weiche die Toilettenpapierstreifen damit ein. Bestreiche alles mit der Lösung. Gut trocknen lassen.

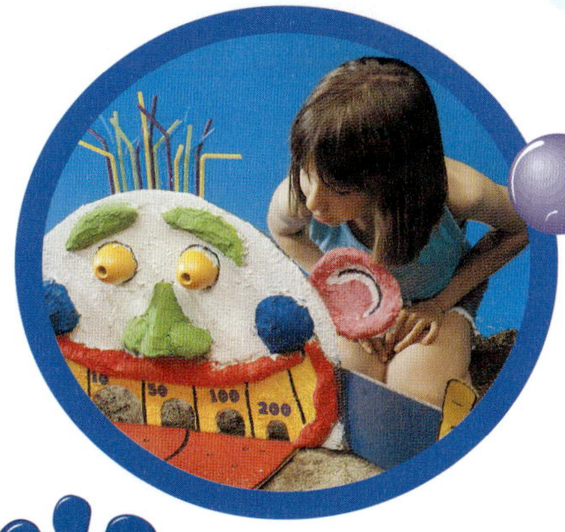


9 Dann bemalst du dein Schusserspiel, zeichnest die Punktezahlen ein und verzierst es mit Strohhalmen.

## ART-TURNIER

Setze das Murmelspiel in den Sand, öffne die Arme, damit es stabil steht, und stütze es von hinten mit einem kleinen Sandhaufen. Schiebe die Zungenspitze in den Sand. Feuchte den Sand vor der Zunge etwas an, und drücke ihn mit den Händen zu einer Bahn glatt. Versuche jetzt mit etwas Abstand die Murmeln wie beim Boccia-Spiel in die Löcher zu rollen. Wer das kleinste Loch trifft, bekommt natürlich die meisten Punkte!

# Auf dem

Bei diesem Geschicklichkeitsspiel werden Plastikflaschen einmal anders recycelt!

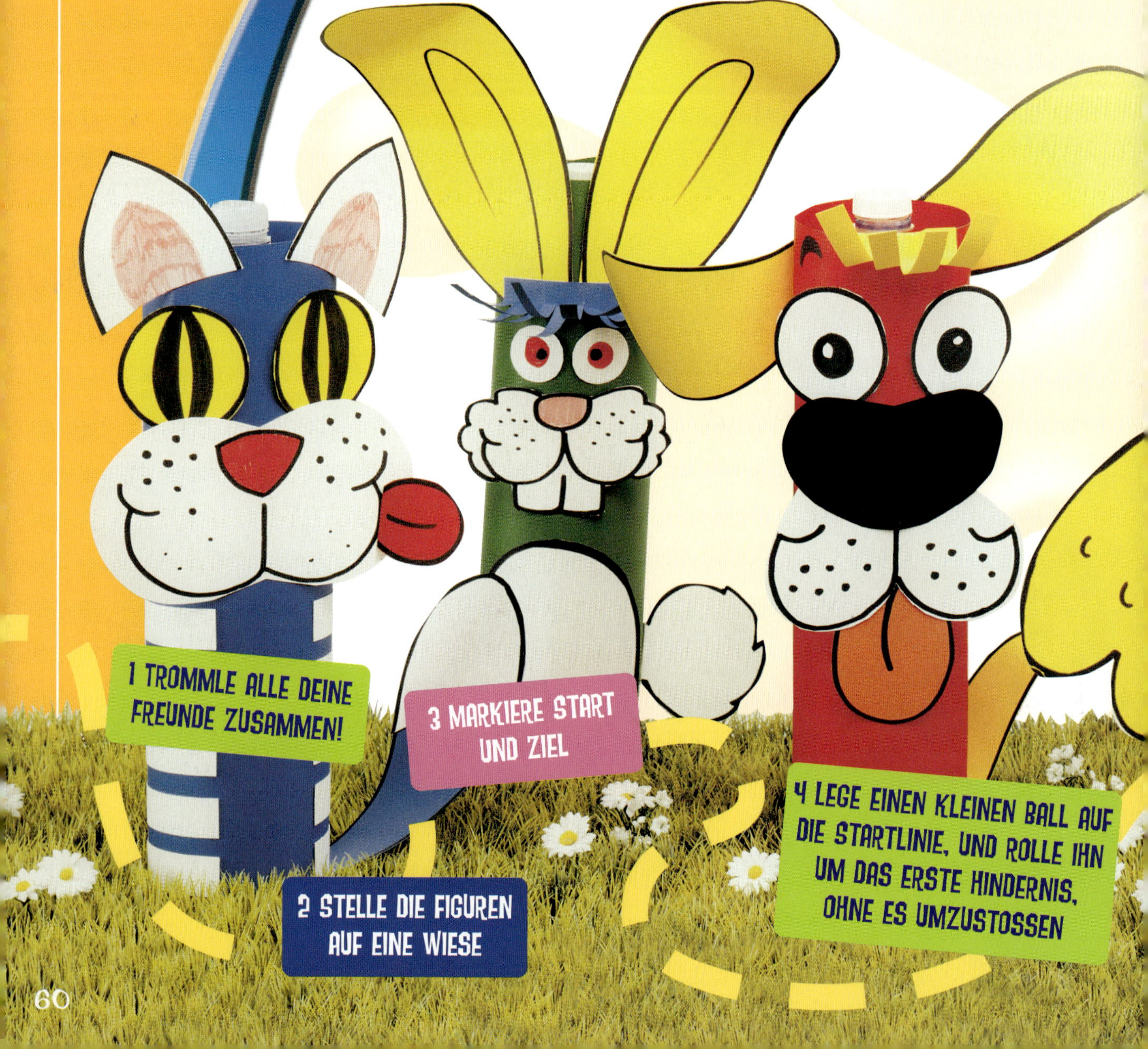

# BAUERNHOF

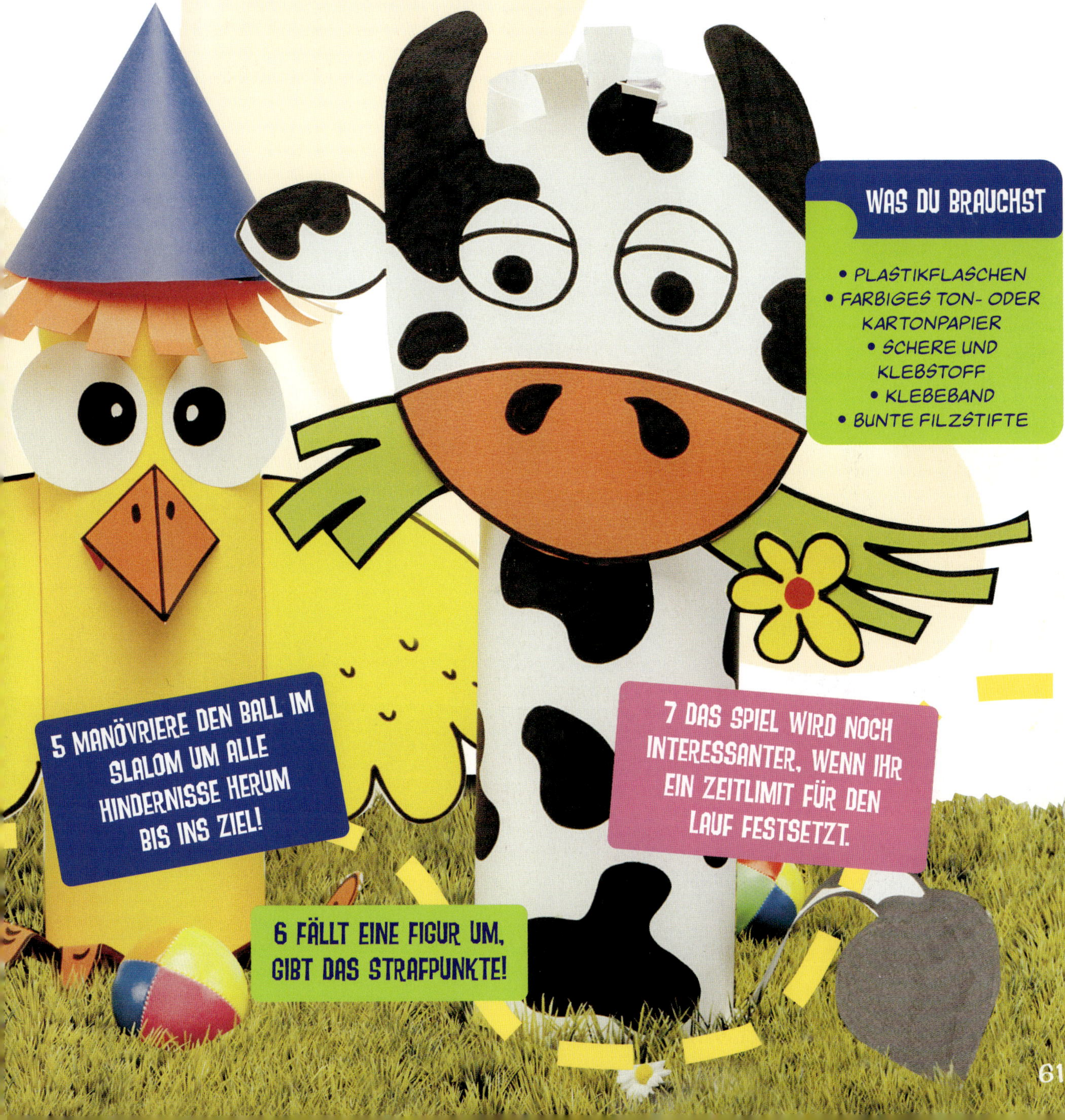

## WAS DU BRAUCHST

- PLASTIKFLASCHEN
- FARBIGES TON- ODER KARTONPAPIER
- SCHERE UND KLEBSTOFF
- KLEBEBAND
- BUNTE FILZSTIFTE

5 MANÖVRIERE DEN BALL IM SLALOM UM ALLE HINDERNISSE HERUM BIS INS ZIEL!

6 FÄLLT EINE FIGUR UM, GIBT DAS STRAFPUNKTE!

7 DAS SPIEL WIRD NOCH INTERESSANTER, WENN IHR EIN ZEITLIMIT FÜR DEN LAUF FESTSETZT.

## KUH

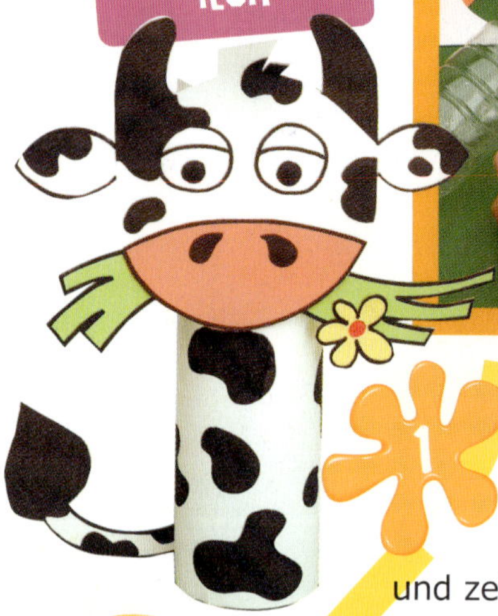

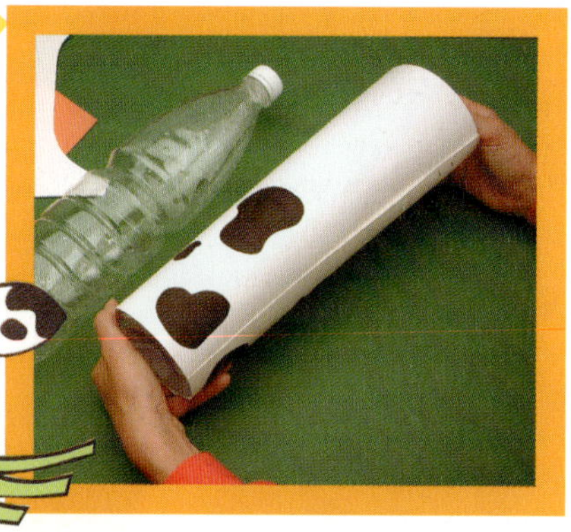

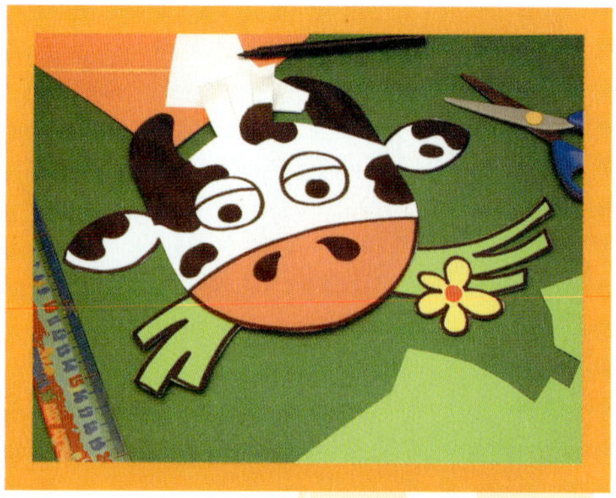

**1** Schneide ein 32 x 30 cm großes Rechteck aus weißem Tonpapier aus, und zeichne die Flecken ein. Rolle das Papier um eine Flasche und befestige es mit Klebestreifen.

**2** Zeichne den Kopf auf weißes Kartonpapier und male ebenfalls schwarze Flecken darauf. Das Grasbüschel ist aus grünem Tonpapier, und wird unter das Maul geklebt.

**!** KARTONPAPIER LÄSST SICH LEICHTER ROLLEN, WENN DU ES VORHER ÜBER DIE TISCHKANTE ZIEHST UND MIT DEN HÄNDEN ZURECHTBIEGST.

**3** Nun wird der Schwanz ausgeschnitten und mithilfe der Klebelasche an der Flasche befestigt.

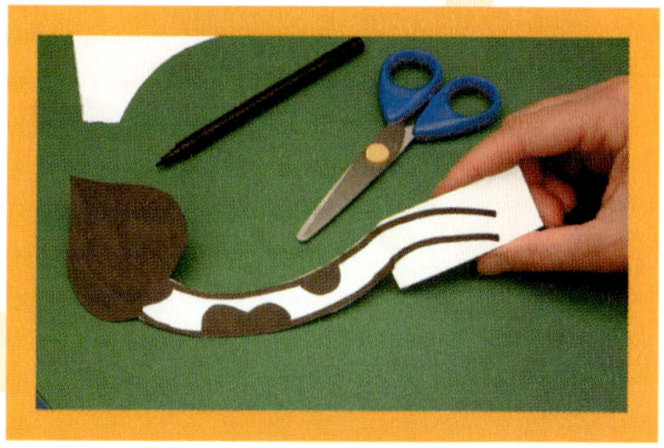

## KATZE

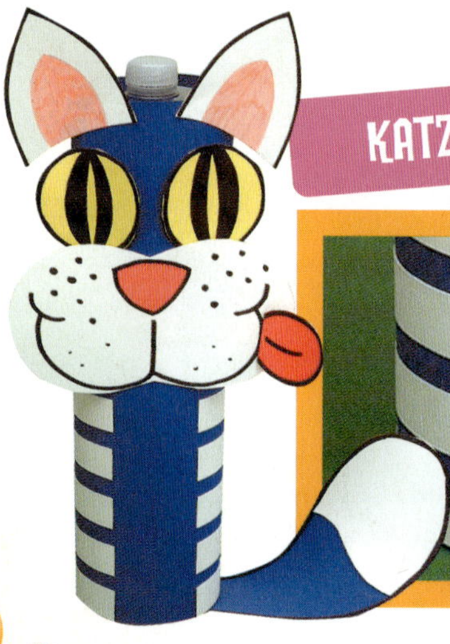

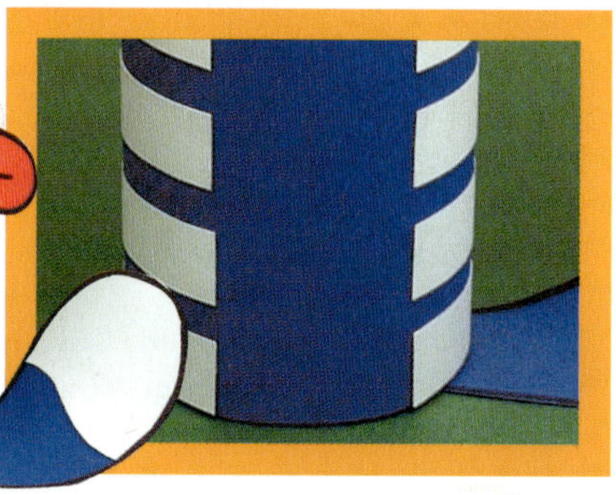

Sie entsteht auf die gleiche Weise wie die Kuh: Zeichne die Körperteile auf Kartonpapier vor, schneide sie aus, und klebe sie fest.

Die Flaschen fallen nicht so leicht um, wenn du sie vorher mit Sand oder Wasser füllst. Vergiss nicht, sie gut zu verschließen!

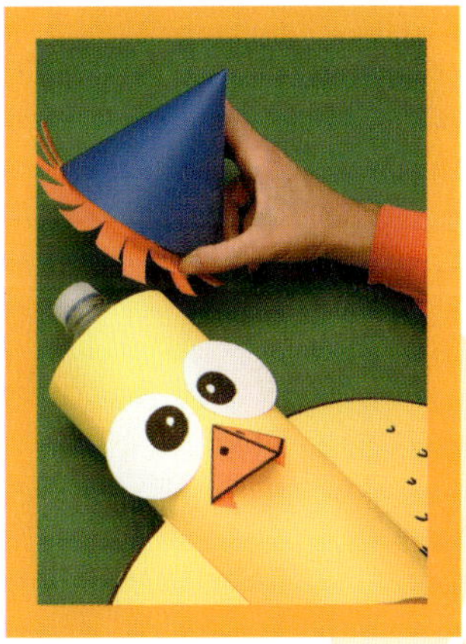

1 Bastle den Körper des Kükens wie den der Kuh. Der Hut entsteht aus einer Tonpapierscheibe, aus der du einen Spalt herausschneidest. Rolle sie danach zu einem Kegel zusammen, und fixiere ihn mit Klebestreifen. Schneide eine Fransenreihe aus Tonpapier aus, und klebe sie innen am Hut fest.

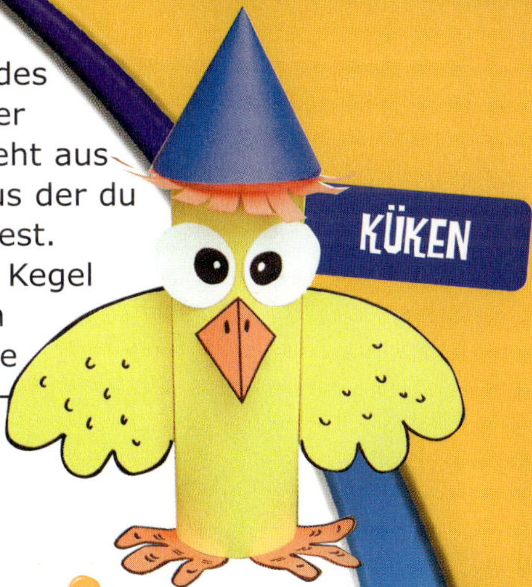


Mit Wasser oder Sand gefüllt, lassen sich die Flaschentiere auch als praktische Türstopper oder Buchstützen verwenden!

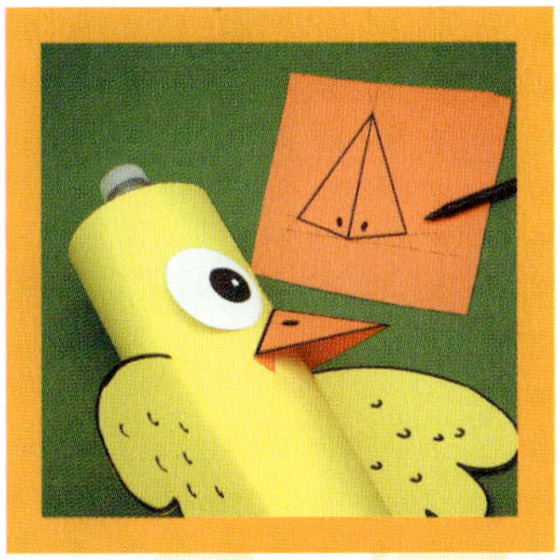

2 Ein Tonpapierdreieck wird wie im Foto zu sehen als Schnabel aufgeklebt.

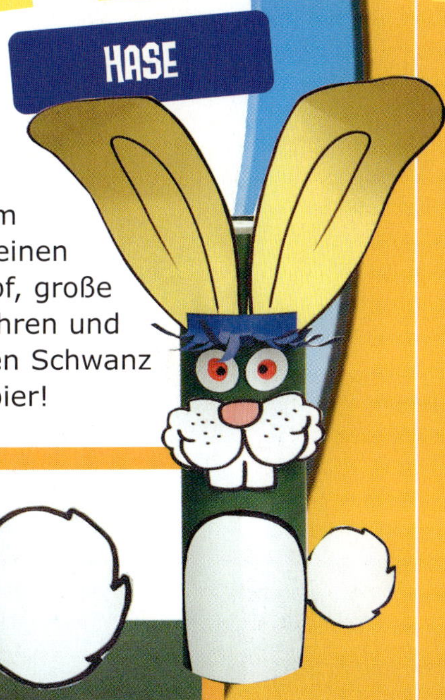


Bastle deinem Hasen einen grünen Rumpf, große gebogene Ohren und einen lustigen Schwanz aus Kartonpapier!

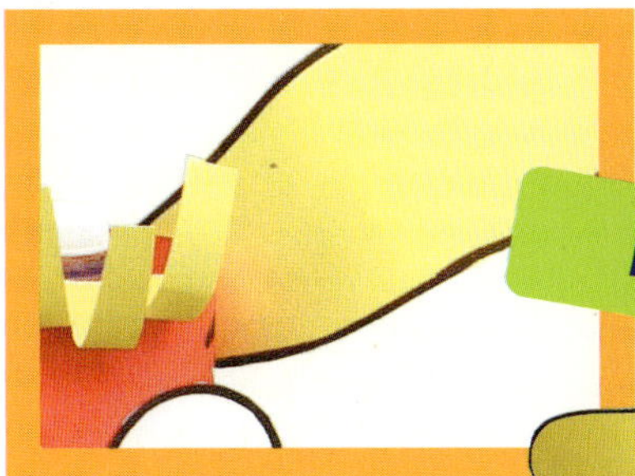

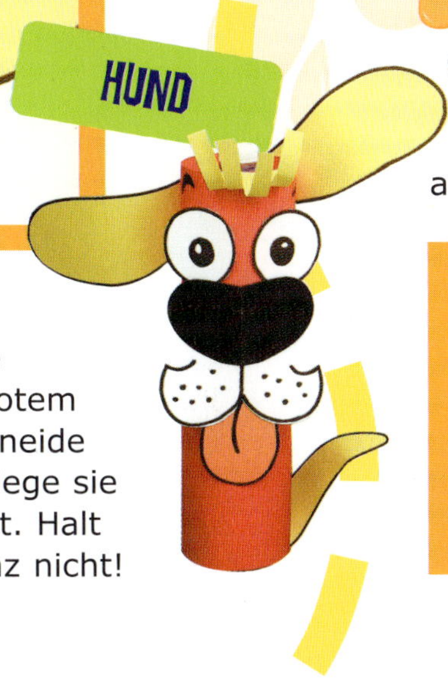


Umwickle eine Flasche mit rotem Tonpapier. Schneide die Ohren aus, und biege sie zu Segelohren zurecht. Halt – vergiss den Schwanz nicht!

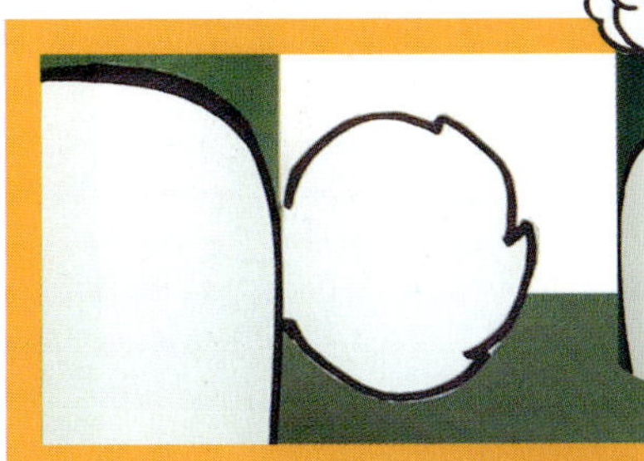

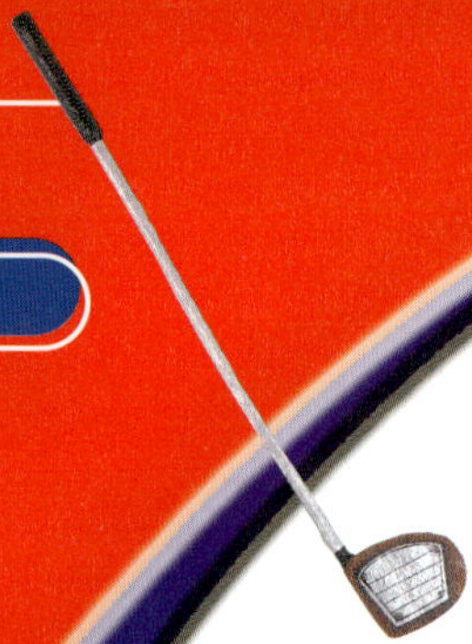

# REGISTER

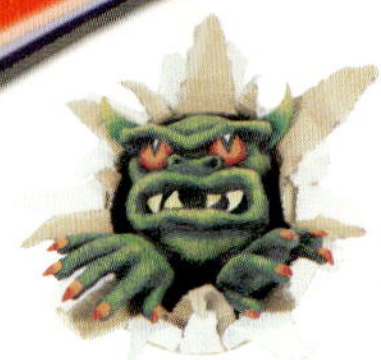

## ALPHABETISCH

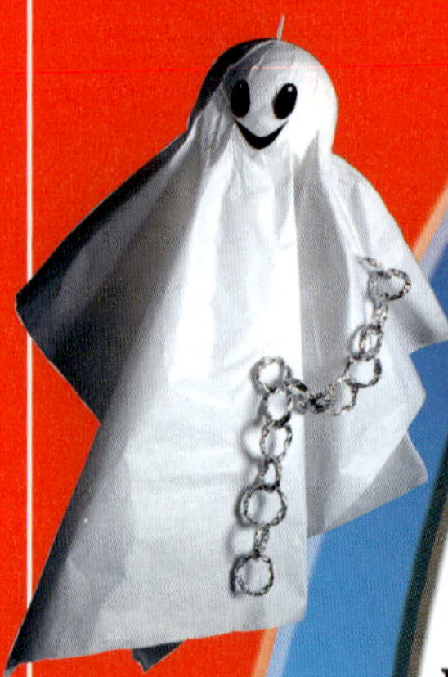



## KATEGORIEN

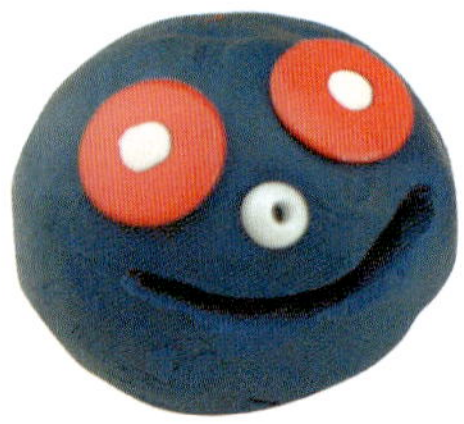

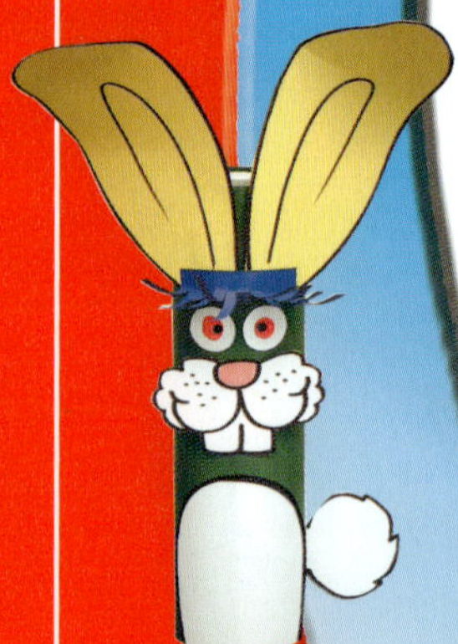



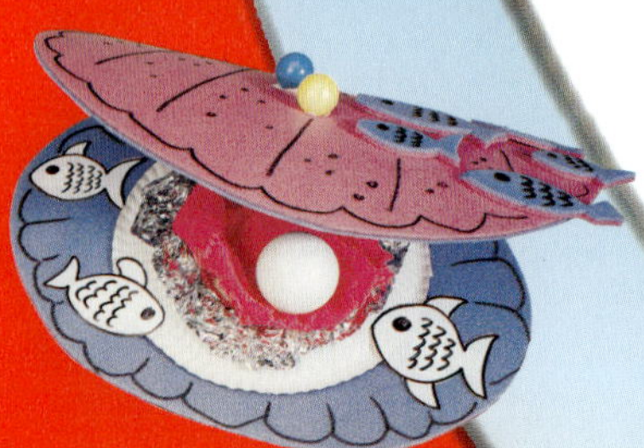


ISBN 3 8094 1823 4

Die deutschsprachige Ausgabe erscheint im Bassermann Verlag, ein Unternehmen der Verlagsgruppe Random House GmbH, 81573 München



© Disney Enterprises, Inc. 2005



Originaltitel: Facciamo Festa

**Umschlaggestaltung:** Reinhard Soll
**Kinderfotos:** Granata Press (Seite 18, 40)
**Deutsche Fassung:** Thema media GmbH; Eva Boltenhagen (Übersetzung), Dieter Dempewolf (Redaktion)



Die Ratschläge in diesem Buch sind von Autor und Verlag sorgfältig erwogen und geprüft, dennoch kann eine Garantie nicht übernommen werden. Eine Haftung des Autors bzw. des Verlags und seiner Beauftragten für Personen-, Sach- und Vermögensschäden ist ausgeschlossen.



**Druck:** Mohn Media GmbH, Gütersloh

Printed in Germany

817 2635 4453 6271